Gabriele Kister-Schuler

Wie die Wikingerinnen:

Drahtschmuck stricken II

Neue Muster und Techniken

handarbeitskiste.de

wikingerstrickliesel.blogspot.de

handarbeitskiste.de

Das finden Sie im Anfänger Booklet:

- Den traditionellen Strickanfang mit einer gewickelten "Blüte"
- ein- und zweilagiges Stricken
- Arbeiten mit mehreren Drähten gleichzeitig
- Streifenmuster
- einarbeiten von Perlen
- stricken in der Hand, ohne Stab
- Broschen mit aufgeschnittenen Drähten
- Anleitungen für LinkshänderInnen

Erschienen 2011 im Verlag
BoD - Books on Demand, Norderstedt

Zur Einführung

Die eigene Gestaltung von Schmuckketten nach Art der Wikinger findet nicht nur das Interesse vieler begeisterter Frauen, auch Volkshochschul-kurse,
Lehrerfortbildungen und Workshops gibt es inzwischen dazu.
Das anhaltende Interesse und die vielen positiven Rückmeldungen haben mich zu diesem zweiten Booklet ermutigt.

Mein erstes Booklet **"Wie die Wikingerinnen: Drahtschmuck stricken"** zeigt die Basistechniken: wie man eine Kette auf die traditionelle Art be-ginnt, neue Drähte einsetzt, kalibriert, einlagig und zweilagig strickt, in der Hand oder mit mehreren Drähten gleichzeitig.

Erkunden Sie im zweiten Booklet neue, spannende Varianten der Wikinger Technik. Das Arbeiten mit sehr dicken oder sehr dünnen **Stäben,** Variationen durch **Zu- und Abnahme von Maschen** oder das **Einfügen weiterer Drähte** eröffnet neue Gestaltungsmöglichkeiten. Ganz neu: **Maschen** können auch **mehrfach** übereinander gelegt werden. Sie finden auch einfache Ideen, wie Sie mit geringem Aufwand individuelle Ketten gestalten können oder durch den **Austausch von Drähten** sehr ausgefeilte Farbeffekte hervorrufen. Armbänder, Halsketten, Kugelketten, Broschen und Anhänger finden sich in unterschied-lichen Schwierigkeitsgraden.

Eine neue **Strickschrift** für das Wikinger Stricken erleichtert das Nacharbeiten und Selbstentwerfen. Im Anhang finden Sie Hilfsmittel für eigene Entwürfe.

Bedanken möchte ich mich für viele Nachfragen und Anregungen, die in dieses Booklet Eingang gefunden haben.

Es gibt für die Ketten zusätzliche Angaben zum Drahtverbrauch. Einige weitere zum ersten Booklet finden sich in meinem Blog
wikingerstrickliesel.blogspot.de

Wo es notwendig schien, gibt es wieder Extra-Seiten für LinkshänderInnen.

Bibliographische Information der Deutschen Nationalbibliothek
Die Deutsche Nationalbibliothek verzeichnet diese Publikation
in der Deutschen Nationalbibliographie;
detaillierte bibliographische Daten sind im Internet über
http://dnb.d-nb.de abrufbar,

Impressum
© 2015 Gabriele Kister-Schuler
Herstellung und Verlag: Books on Demand GmbH, Norderstedt
ISBN 978-3-7347-8793-5

Was man braucht

Werkzeug

Unverzichtbar sind **Strickstäbe** - am besten mit Rillen oder einer Kerbe versehen, über denen sich leichter fädeln läßt. Neu eingeführt wird in diesem Booklet der Beginn einer Kette mit einer Nähspule. Die traditionelle Anfangstechnik findet sich im ersten Booklet.

Zur Grundausrüstung gehören Seitenschneider, Rundzange und vielleicht eine **Flachzange** mit Backen, die aus Kunststoff bestehen oder durch Kreppband entschärft wurden. Sie hilft auch beim Beseitigen von Knicken im Draht.

Notwendig ist ein **Ziehholz** für das Komprimieren bzw. Kalibrieren der gestrickten Kette, mit Öffnungen zwischen 4,5 und 15 mm in Halbmillimeterschritten. Für den weichen Basteldraht mit Kupferkern genügt ein Kunststoffziehbrett.

Ein Wort zur Sicherheit:
Bitte achten Sie darauf, daß Sie das Ende des Drahtes immer unter Kontrolle halten und weder sich noch anderen in die Augen stechen. Tragen Sie am besten eine Schutzbrille.

Beim Abschneiden oder Kürzen der Kette herunter fallende Drahtstücke bitte sorgfältig aufnehmen, sie können sonst Schäden anrichten: an nackten Füßen, den Pfoten des Haustiers oder dem Parkett.

Verbrauchsmaterial

Weicher Kupferdraht läßt sich am leichtesten verarbeiten, weil er biegsam ist. Es gibt ihn mit vielen Farben mit sehr widerstandsfähiger Lackierung.
Versilberter Draht muß wesentlich sorgfältiger verarbeitet werden, weil er schlechter zu biegen ist.

Bei **Verschlüssen** und **Schmuckteilen** gibt es heute ein großes Angebot, und der Fantasie sind keine Grenzen gesetzt.

2-Komponenten-Kleber oder **Schmuckkleber** zum Einkleben von Ketten in Verschlüsse.

Der Strickanfang mit einer 5-Maschen-Blüte wird ausführlich im ersten Booklet beschrieben. Hier werden Alternativen vorgestellt.

Traditionell beginnt man mit fünf Schlaufen und einer "Blüte", die aus den Schlaufen geformt wird (Siehe Booklet 1)
Man kann sich den Anfang mit einem Hilfsmittel erleichtern. - Gut geeignet z.B. für kürzere Workshops.

Benötigt: Unterfadenspulen für Nähmaschinen mit 10 Löchern auf beiden Seiten.

1 Einen stabilen Hilfsdraht (0,5 mm) durch die gegenüber liegenden Löcher stecken, dann unten um einen Stab (z.B. Bleistift oder 10 mm-Strickstab) und durch das nächste Loch wieder zurück.

Die Schlaufen zunächst flach auf die Spule drücken, um weitere anfertigen zu können. Das Ende des Drahtes zuletzt mit dem Anfangsstück zusammen-drehen. Jede Schlaufe 2-3 mal verdrehen, um sie zu schließen.
So entstehen 5 runde Ösen unterhalb der Spule.

2 Die Ösen schmal und länglich formen (z.B. mit einer Rundzange).

3 Maximal 20 Maschen können so eingerichtet werden (wenn jedes Loch und jeder Steg zwischen zwei Löchern benutzt wird). Die Schlaufen möglichst gleichmäßig im Kreis anordnen und zurecht biegen. In den ersten Reihen Abstände ausgleichen.

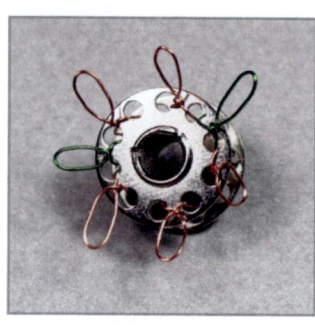

6

4 Die Spule auf den Strickstab setzen.
Guten Halt gibt ein ein kombinierter 5+10 mm-Stab.

So wird gestrickt:
Das Drahtende von rechts nach links durch zwei
Maschen fädeln und das kurze Ende mit dem Daumen
fest halten. Mit dem langen Ende die dritte Schlaufe
rechts mit der zweiten verbinden. So weiter um den
Stab arbeiten.
Das Verbinden zweier Maschen in der ersten Reihe
bewirkt eine stabilere Position der Maschen in der
ersten Reihe.

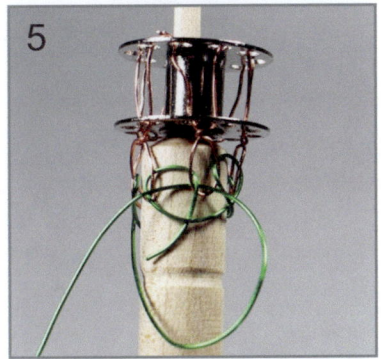

5 Zuletzt geht man noch einmal in die erste Schlaufe.

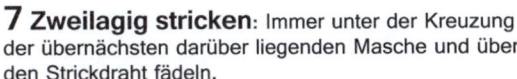

6 Einlagig stricken: Immer unter der Kreuzung der
darüber liegenden Masche und über den Strickdraht
fädeln.

7 Zweilagig stricken: Immer unter der Kreuzung
der übernächsten darüber liegenden Masche und über
den Strickdraht fädeln.

Tipp   Die ersten Reihen werden häufig
etwas ungleichmäßig. Daher vor der
eigentlichen Kette einige Reihen mehr machen und
diese später abschneiden. Man spricht von einem
"verlorenen Anfang".
Der Abschnitt kann auch für einen neuen Anfang
verwendet werden (siehe S. 9, Foto 7).

Einen neuen Draht ansetzen

L S. 59

Einlagig:

1 Das letzte Drahtstück (hier: rot) in die Schlaufe ziehen, damit das Ende **in der Kette** liegt.
Ein neues Stück Draht abschneiden (1-1,5 m) und damit eine neue Masche über der letzten Masche arbeiten. Statt den ganzen Draht durchzuziehen, kann man das Ende des Drahtes von links nach rechts einfädeln, den langen Teil des Drahtes nach rechts darüber legen.

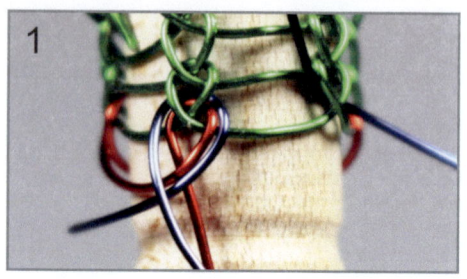

2 Einmal um den Stab herum stricken und **vor Erreichen** der doppelten Masche beide Drahtenden zurecht ziehen und unterhalb der Stege auf 2-3 mm kürzen.

Verdickungen werden beim Kalibrieren ausgeglichen.
Sorgfältig über die Enden hinweg arbeiten, damit die Spitzen nicht heraus stehen.

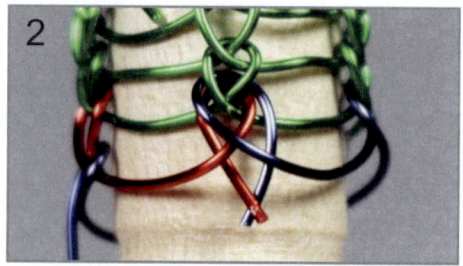

Zweilagig:

3 Ebenfalls das **Drahtende in die Kette stecken** und mit dem neuen Draht dieselbe Masche überstricken.

4 Auch hier: Einmal um den Stab herum stricken und **vor Erreichen** der doppelten Masche beide Drahtenden zurecht ziehen und unterhalb der Stege auf 2-3 mm kürzen.

Verdickungen werden beim Kalibrieren ausgeglichen.
Sorgfältig über die Enden hinweg arbeiten.

Weiteres zum Thema "Anfangen"

Dicke Stäbe:

1 Wenn der Stab stärker sein soll, den Hilfs-draht außen anbringen.

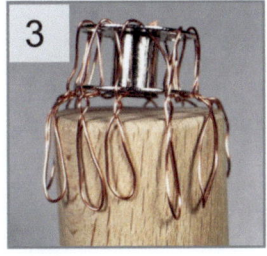

2 Als Abstandsmes-ser einen starken Stab benutzen.

3 Die Schlaufen schmal machen und um den Stab sortieren.

Dünne Stäbe:

4 Zunächst einige Reihen mit dünnerem Draht auf dem 10 mm-Stab stricken (roter Draht).

5 Auf den dünnen Stab schieben. Zusammen drücken, in die Länge ziehen und so in der Form anpassen. Danach auf dem dünnen Stab weiter arbeiten (brauner Draht). Der Teil oberhalb wird später abgetrennt.

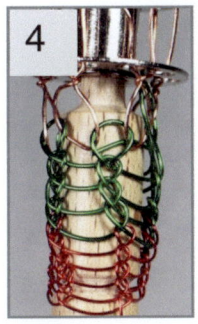
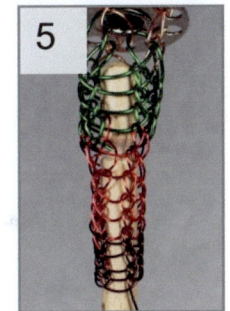

6 Ein **Anfangsstück** wieder verwenden

Auch ein bereits kalibriertes Anfangsstück, z.B. mit einem "verlorenen Anfang" kann wieder verwendet werden. Es kann abgeschnitten und von unten mit einer Rundzange so weit aufge-bogen werden, daß man es wieder auf einen Stab aufsetzen und damit weiter arbeiten kann.

7 Ein **Reststück** wieder verwenden

Eine Kette 1-2 cm länger arbeiten als vorge-sehen. Dieses Stück vor dem Kalibrieren ab-schneiden und als neuen Anfang benutzen. Um ein Durchziehen durch das Ziehholz zu ermöglichen, später einen Draht (oder einige Drahtabschnitte) mehrfach durch die obersten Maschen ziehen.

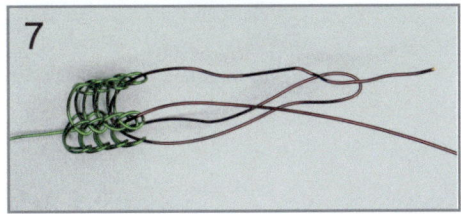

Das Ende

Verschluß innerhalb der Kette

Nach dem Kalibrieren und Abschneiden der Kette lose Reststücke des Drahtes entfernen. Die Kettenenden mit einer Rundzange wieder aufweiten und spitze Drahtenden nach innen biegen.

In eine auf 6 mm kalibrierte Kette paßt z.B. ein 4 mm-Verschluß.

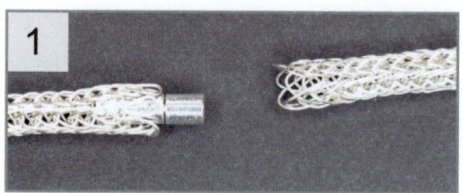

1 Den Verschluß versuchsweise in die Kette stecken und mit einer Flachzange den Draht rundum anpassen.

2 Zwei-Komponenten-Kleber ansetzen.

Vor dem Einkleben testen, ob der Kleber den Draht oder den Verschluß angreift.

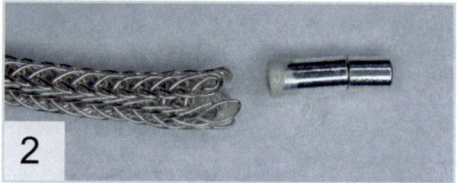

Mit einer Nadel oder einem Zahnstocher Klebstoff in das Kettenende bringen. Den Verschluß in den Klebstoff tauchen und in das Kettenende stecken.

3 Sorgfältig arbeiten, damit die Kette nicht verschmiert und der Verschluß nicht unabsichtlich zu geklebt wird.

Verschluß ohne Kordelende

Nicht immer benötigt man einen Verschluß. Wenn die Kette lang genug ist, um über den Kopf gezogen zu werden, kann man Anfang und Ende auch zusammennähen.

Möglichkeit 1: Einen Restdraht übrig lassen, mit dem man das Ende an den Anfang befestigt.

4 Möglichkeit 2: z.B. Kette auf der gegenüberliegenden Seite: Wenn man mit starkem Draht gearbeitet hat, einen dünneren Draht derselben Farbe zum Befestigen nehmen.
Nach dem Kalibrieren beide Enden der Kette versäubern: Drahtenden kürzen und nach innen biegen. Das Endstück (auf Foto 4 das rechte) etwas aufweiten.

Die Anfangsmaschen (links) schmaler drücken machen, damit sie in den Anfang gesteckt werden können.

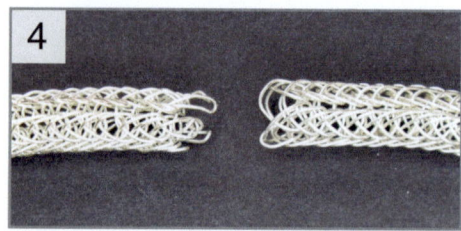

5 Das Anfangsteil in das Endteil stecken.

6 Mit dem dünneren Draht (hier zur Verdeutlichung pink) durch beide Enden "nähen" und darauf achten, daß der Nähdraht nicht störende Knicke und Schlaufen bekommt.

7 Anfang und Ende des Nähdrahtes zusammen drehen und

8 in die Kette zurück stecken. Nahtstelle mit den Fingern nacharbeiten.

Beispiel siehe unten
und die Opaque" Endlos-Kette", S. 22

*Draht: Kupferkern 0,5 mm,
versilbert, rot, dunkel lila, grasgrün
Stab: 12 mm ø, 5 Maschen, zweilagig
kalibriert auf 10 mm ø
Länge: 72 cm, Gewicht: ca 50 g*

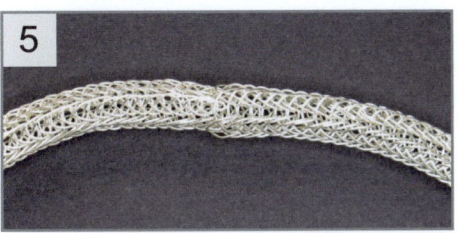

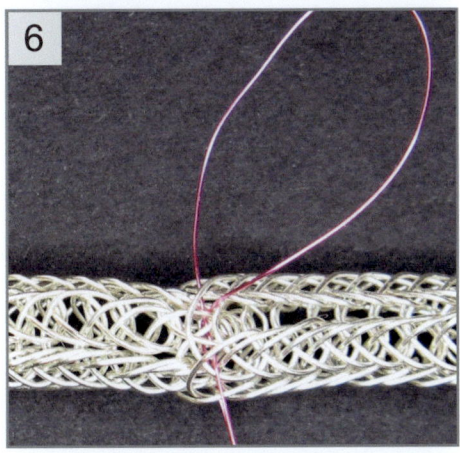

Einige grundlegende Techniken und Tipps

Maschen anziehen

L S. 60

1 Gleichmäßige, feste Maschen mit dicht und parallel liegenden Stegen sind z.B. dann von Bedeutung, wenn die Kette später nicht mehr oder nur wenig kalibriert werden soll.

Gleichmäßig und fest wird es, wenn der Draht mit dem linken Daumen gleich an der letzten Masche so abgeknickt wird wie er später liegen soll, nämlich parallel zur Reihe darüber.

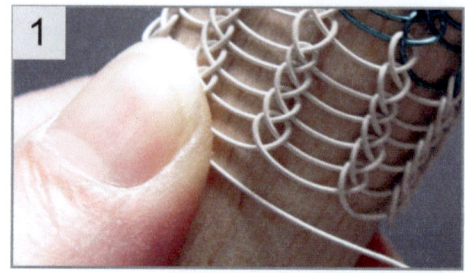

2 Macht man das nicht, sondern zieht immer nur die nächsten Masche an,

3 dann benötigt man mehr Kraft, weil der Widerstand des Drahtes größer ist. Außerdem hängen die Stege durch, das Gestrick wird locker und liegt nicht mehr am Stab an.

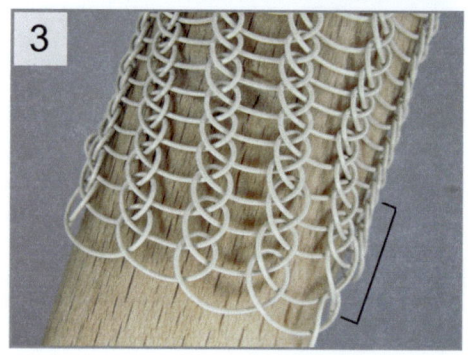

Hinweis:
Bei Rechtshändern drehen die Maschen-reihen durch die Zugrichtung gerne nach rechts. Das kann mit dem Kalibrieren oder weiterem Bearbeiten in der Hand ausgeglichen werden.

Tipp

Wenn es in einer Kette mehrere kurze Farbabschnitte gibt, dennoch einen langen Draht abschneiden. Der längere Rest läßt sich leichter weiter verwenden. Er wird zwischendurch auf eine andersfarbige Spule gewickelt und mit einem Gummiband befestigt.

Wenn es eng wird

1 An engen Stellen wird mit einem vorgebogenen Draht gearbeitet. Wenn es zwischen den Maschen deutlich zu eng werden sollte, gibt es folgende Möglichkeiten:

2 Mit einer Zange vorsichtig die Maschen zusammen kneifen ohne den Lack zu beschädigen.

3 Mit einer starken Nadel "vorbohren".

4 Es hilft manchmal, die Arbeit zum Fädeln vom Stab zu nehmen. "Aufgehen" kann dabei nichts.

Ein letztes Mittel ist es, in zwei Schritten zu arbeiten: vom Stab nehmen, den Draht von vorne einführen und von Innen wieder zurück. Allerdings gibt es dabei oft sehr starke Knicke, die das Weiterarbeiten erschweren.

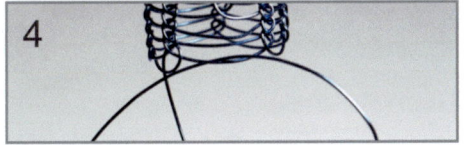

Maschen ausrichten

1 Abstände zwischen den Maschen können sich durch ungleichmäßiges Anziehen verschieben. Maßgeblich dafür ist die Position des Kreuzung der Masche, auf dem Foto weiß gekennzeichnet.

2 Die Abstände werden verändert, indem bewußt die Kreuzung der Masche in eine bestimmte Reichtung gelegt wird.

Bei zweilagigem Stricken ist die Richtungsänderung schwieriger, weil sie sich erst auf die übernächste Reihe auswirkt.

Hinweis: Durch das Kalibrieren heben sich die unterschiedlichen Abstände auf. Insofern ist eine Veränderung der Maschenrichtung nicht unbedingt notwendig. Sie kann aber dann wichtig werden, wenn zweilagig, locker und mit geringem Abstand zwischen den Maschen gearbeitet wird, weil es dann zum Fädeln zu eng werden kann.

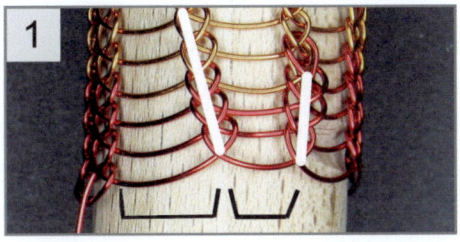
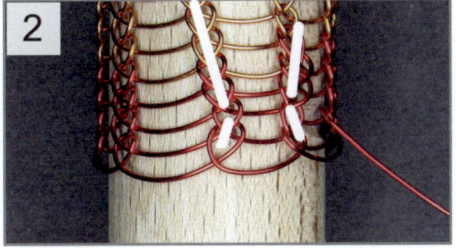

Vom einlagigen zum zweilagigen Stricken wechseln

Wenn die Abstände zwischen ein- und zweilagigem Stricken genau bestimmt werden sollen, muß man einkalkulieren, daß die letzte einlagige Reihe überstrickt wird, also sozusagen wegfällt.

Beispiel rechts: Es sind 6 Reihen einlagig gestrickt, die erste zweilagige Reihe (Reihe 7) überstrickt die 6. Reihe.

Vor Beginn eines zweilagigen Stücks wird 1 Reihe zusätzlich einlagig gestrickt. Beim Wechsel vom zwei- zum einlagigen Stricken ist das nicht notwendig.

Eine gleichmäßige Verteilung wäre also:
11 Reihen einlagig, 10 Reihen zweilagig, 10 Reihen einlagig.

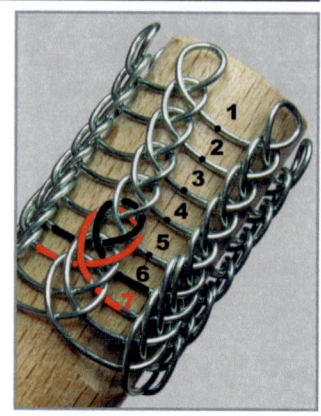

"Doppelfädig" arbeiten - so geht's auch

1 Interessante Farbgestaltungen ermöglicht das Stricken mit zwei dünnen Drähten (z.B. 0,315 mm) anstelle eines dickeren (0,5 mm). Das Zusammenspiel zweier Drahtfarben kann wie eine Farbmischung wirken.
Solche Ketten sind viel "weicher" und geschmeidiger.

Wenn mit nur einer Farbe gearbeitet wird, kann man sich das gleichzeitige Stricken mit zwei Drähten erleichtern.

2 Zunächst die Spitzen des langen Drahtes in die Ansatzstelle stecken und festhalten, dann sorgfältig mit der Hand zur Mitte des Drahtes fahren und ihn dort falten. Damit kann man die beiden Dahtenden leichter auf gleiche Länge bringen.

3 Mit einer Flachzange dieses Ende so flach machen, daß es gut hinter den Maschen hindurch gezogen werden kann.

Ansatzstellen: Drahtenden etwas länger lassen als bei stärkerem Draht und sorgfältig darüber arbeiten, damit die Spitzen nicht nach außen gedrückt werden. Nach dem Kalibrieren mit der Spitze einer Rundzange evtl heraus stehende Spitzen in die Kordel drücken.

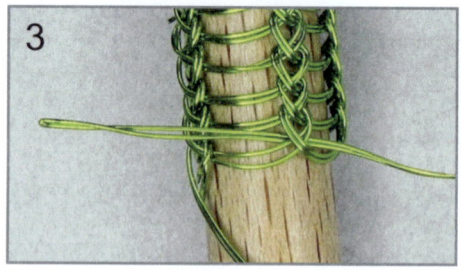

Lange Stege

1 Wenige Maschen um einen starken Stab, also **lange Stege** zwischen verhältnismäßig kleinen Maschen: hier müssen beim Ansetzen eines neuen Drahtes die Drahtenden anders behandelt werden, weil die Maschen durch das Kalibrieren sehr groß werden können und die Enden sich heraus ziehen.

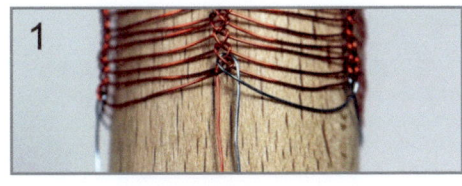

2 So sieht es nach dem Kalibrieren aus: Bei langen Stegen wird die Kette am Ende sehr locker und durchsichtig. (Siehe "Kette mit Filzperlen", Seite 32/33).

Hier wurden 6 Maschen, Draht 0,315 mm, auf einem 30 mm-Stab gearbeitet (s. Foto 1) und auf 8 mm kalibriert. Das Foto macht deutlich, wie lang die Maschen gezogen werden und daß zu kurze Drahtenden keinen Halt finden.

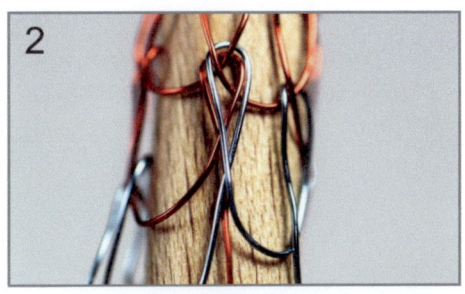

3 Um ein Herausziehen zu verhindern, die Drahtenden beim Ansetzen länger lassen und am Stab zusammen drehen bevor die nächste Reihe gearbeitet wird. Auf einige Millimeter kürzen.

Da die gesamte Kette "luftig" wird, ist das Ansatzstück später nicht fühlbar.

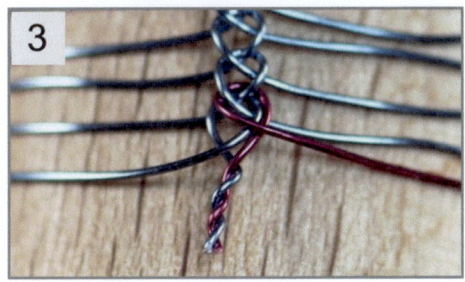

4 Draht bringt von der Spule eine gewisse Biegung mit. Da es sinnvoll ist, ihn für die Arbeit glatt zu halten, diese Biegung am besten durch Drehen des Drahtes aufheben.

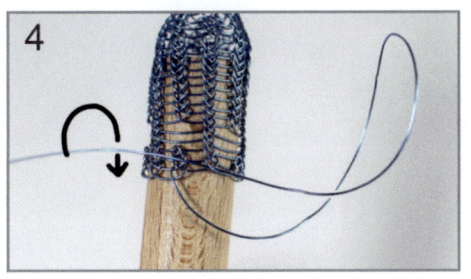

Tipp

Auch bei abgepaßten Projekten, bei denen die Zahl der Anfangs- und Endreihen vorgegeben ist, sollten am Anfang und am Ende einige Reihen mehr gearbeitet werden.

Erst nach der Fertigstellung auf das entsprechende Maß kürzen.

Maschen zu- und abnehmen

L S. 62

Zunehmen:

1 Den Draht von oben in den Steg einführen und wie bei einer normalen Masche über die Schlaufe ziehen. Strickdraht und Steg an der Stelle fest drücken, an der die neue Masche entstehen soll und den Strickdraht zu einer Masche zusammen ziehen.

2 Die Masche sollte eng und möglichst genau platziert sein.

Abnehmen:

3 Masche abnehmen durch Überspringen der Masche.
Hier gleichzeitig Wechsel auf einen dünneren Stab. Das Überspringen der Masche bei gleicher Stabstärke sehen Sie auch auf Foto 1 und 2.

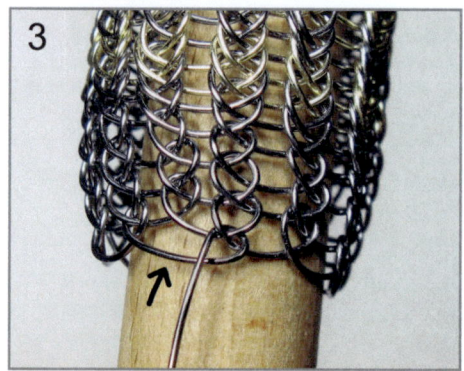

Tipps zum Kalibrieren

1 Sehr dünne Ketten werden in der Regel mit dünnem, weichem Draht gearbeitet.
Wenn man mit einem Ziehholz kalibrieren will, kann es sinnvoll sein, dazu eine feine Stricknadel als stabilen Kern in die Kette einzuführen.

Hat man kein Ziehholz mit entsprechend kleinen Bohrungen zu Hand, die Stricknadel in die Kette einführen und diese mit den Fingern andrücken und etwas in die Länge ziehen.

2 Sehr dicke Ketten kann man oft ausschließlich mit der Hand formen. Handschuhe oder ein nicht fusselndes Tuch können hilfreich sein.

Möglich ist auch ein Vorkalibrieren mit der Hand, um dann das Ziehholz zu verwenden.

Auch in dem Fall einen dünneren Stab einführen, um kontrolliert zu kalibrieren.

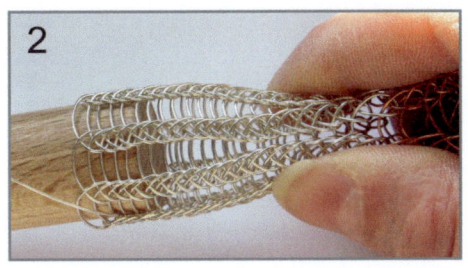

3 Man kann während der Arbeit die Länge der fertigen Kette abschätzen, indem man sie sukzessive kalibriert.

Dabei den Strickstab ein Stück weit in der Kette lassen, damit leicht weiter gearbeitet werden kann oder, siehe Foto 4, eine Sicherheitsnadel anbringen.

Bei stärkerem Draht nicht zu nah an den Stab kalibrieren, damit keine Kanten entstehen.

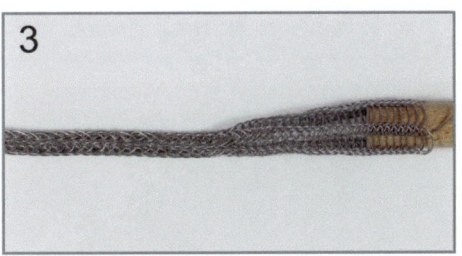

Es kann sinnvoll sein, nicht bis zur endgültigen Stärke zu kalibrieren, sondern den letzten Schritt für die fertige Kette vorzubehalten, um am Ende die gesamte Kette nochmal zu glätten.

4 Um beim Kalibrieren mit dem Ziehbrett nicht versehentlich Bereiche zu eng zu machen, kann man einen Stopper in Form einer Sicherheitsnadel an der entsprechenden Stelle durch die Kette ziehen.

In diesem Fall ist der rote Teil dreilagig, der grüne zweilagig, der lilafarbene einlagig.

Hinweis: Je mehr Draht übereinander liegt, desto weniger stark darf kalibriert werden. Der stärkere Teil der Kette bestimmt das Maß.

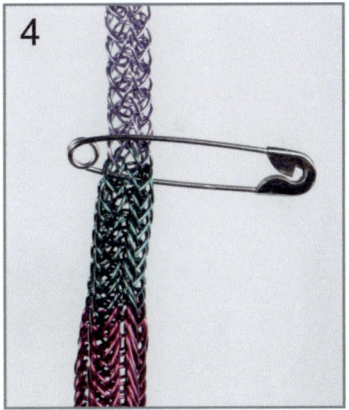

 **Zu weit gegangen?**

Manchmal stellt man fest, daß die Kette zu stark kalibriert und damit vielleicht zu steif wurde.

Hier hilft eine dünne Stricknadel und die Rundzange (siehe Seite 9, Foto 6), mit der die Kette wieder aufgeweitet wird.

Donut-Anhänger

z.B. für eine Kette aus Draht: 0,315 mm Kupferkern altsilber
Stab: 10 mm Ø, 5 Maschen, doppelfädig, einlagig. Auf 6 mm kalibriert.

Halterung f. Donut: 0,5 mm Kupferkern altsilber | Donut: Acryl Ringauflage
Stab 8 mm Ø, 5 Maschen, einlagig

1 Für die Halterung 5 Maschen auf einem 8 mm-Stab vorbereiten (hier kupferfarben).

Mit dem versilberten Draht - etwas längeren Anfangsdraht stehen lassen für eine spätere Befestigung - sorgfältig 5 etwas größere Maschen arbeiten und in der nächsten Reihe 5 engere.

2 Vom Stab nehmen und die Hilfsmaschen abschneiden.

Die oberen Maschen nach außen biegen, den unteren Rand etwas verengen, so daß er durch die Öffnung des Donuts paßt.
So zurecht biegen, daß der Donut fest sitzt (siehe kleines Foto links), dann mit den Restdrähten auf der Kette befestigen.

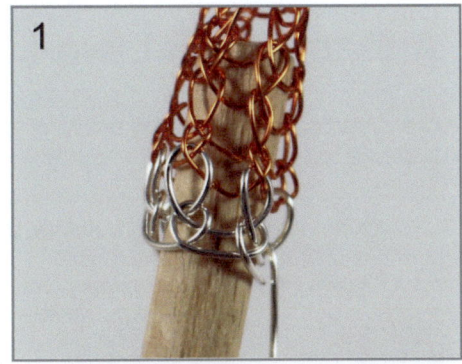

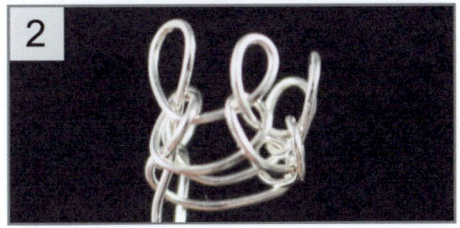

Brosche mit Donut

Draht: 0,5 mm Kupferkern rosa
Stab: 10 mm Ø, 5 Maschen, einlagig

Donut: Acryl Ringauflage

Die Anfangsblüte, in der traditionellen Art gearbeitet, wird in das Schmuckstück einbezogen. Die Anfangsschlaufen der Blüte am besten über einen stärkeren Stab oder ein Lineal wickeln und sorgfältig zusammen drehen.

Ca 18 Reihen einlagig stricken, die letzte Reihe mit lockeren Maschen. Kalibrieren auf den Durchmesser der Donut-Öffnung. Drahtenden nach innen biegen.

Die Stege der letzten Reihe mit der Rundzange verdrehen, so daß kleine Ösen entstehen.

Auf eine Broschennadel aufnähen oder mit einer Hutnadel befestigen.

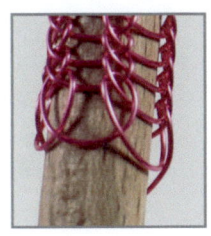

Anhänger mit Lava-Linse

Draht: Kupferkern versilbert, 0,5 mm
Stab: 22 mm Ø, 5 Maschen, einlagig

Lavastein, Lederband
Länge: ca 8 cm

21 Reihen um den Stab arbeiten, Anfang und Ende versäubern.
Die Anfangsöffnung zusammen drücken, den Stein hinein schieben und die Kette
darum formen. An einem Leder- oder Satinband aufhängen.

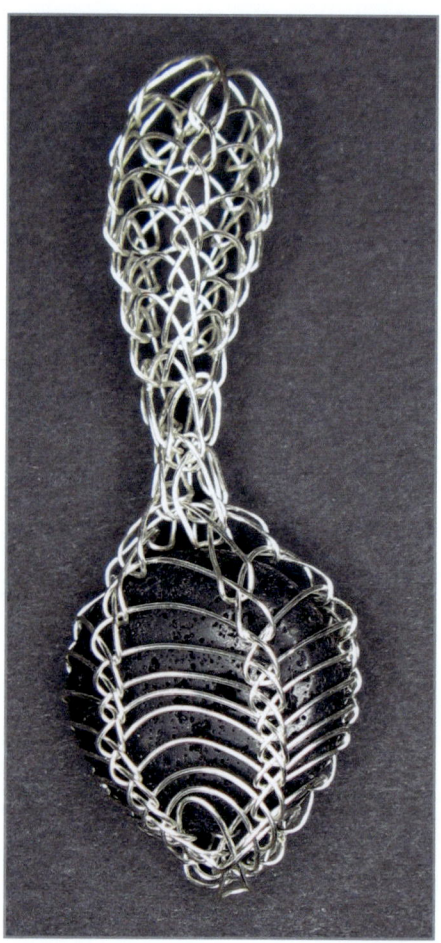

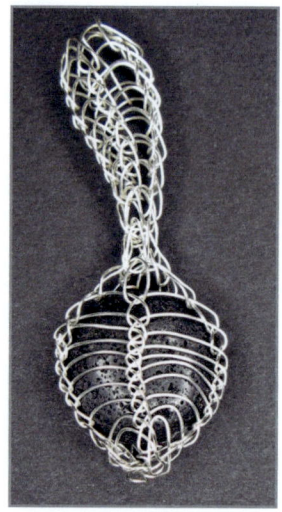

Rückseite

Brosche mit Filzkugel

Draht: Kupferkern versilbert, 0,5 mm
Stab: 20 mm Ø, 8 Maschen, zweilagig

Filzkugel Ø ca 25 mm
Rocailles, Hutnadel / Länge: ca 7 cm

Ca 25 Reihen zweilagig um den Stab arbeiten, die letzte Reihe mit großen, lockeren Maschen. Anfang und Ende des Drahtes in die Kette stecken.

Mit den Fingern so formen, daß der Anfang dünn wird und sich zum Ende trichterförmig weitet (siehe S. 17, Foto 2).

Mit Perlonfaden eine Filzkugel mit Rocailles besticken, sie in den Trichter stecken und mit dem Faden in der Kette befestigen oder die Kugel vorsichtig einkleben.

Brosche zum Bogen formen, mit einer Hutnadel oder einer langen Nadel mit Perle in Form stecken. Auf eine Broschennadel nähen.

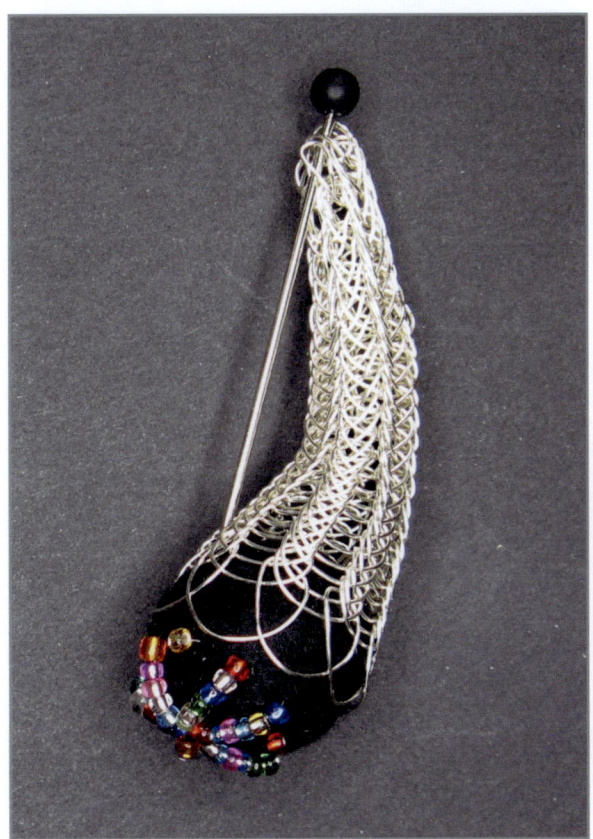

- oder gleich mit der Nadel am Revers feststecken.

Opaque "Endlos - Kette"

Draht: Kupferkern lackiert, 0,315 mm
Elfenbein, lila, blau, grün - alle opaque, also milchig
Stab: 5 mm Ø, 4 Maschen, zweilagig einfädig
kalibriert auf ca 5 mm Ø

Gewicht: ca 40 gr

Länge: ca 200 cm

Extrem lang, extrem flexibel und extrem aufwändig. Für den Grundton Elfenbein wurden 35 g benötigt. Anfang und Ende wurden zusammen genäht.

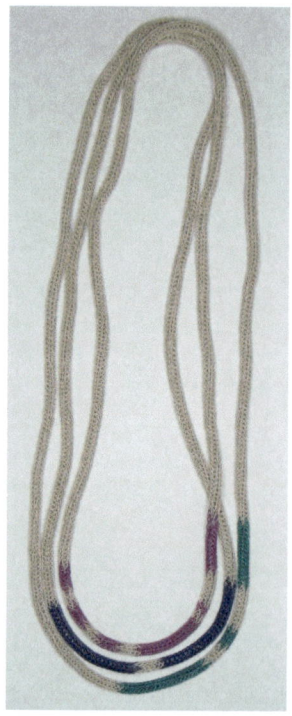

Rot-Weiße Kette

Draht: Kupferkern lackiert, 0,5 mm
Elfenbein opaque; rot glänzend
Stab: 10 mm Ø, 5 Maschen, zweilagig einfädig, mit 2 Drähten
kalibriert auf ca 6 mm Ø

Gewicht: ca 40 gr
Länge: 60 cm

Die Kette lebt vom Kontrast zwischen matt-opakem und glänzendem Draht. An den Übergängen zwischen den beiden Farben wurde jeweils gleichzeitig mit zwei Drähten, elfenbein + rot, gearbeitet. Musterverteilung zufällig.

Dezente Farbspiele

Draht: Kupferkern lackiert, 0,315 mm
Stab: 10 mm Ø, 5 Maschen, einlagig doppelfädig

Gewicht: ca 19 gr
Länge: 60 cm

Mit einer genügenden Anzahl von abgestuften Farben kann die Kette aussehen, als sei der Draht in sich meliert. Es wird immer einer der beiden Drähte ausgetauscht.

Farben: 1 bordeaux / 2 violett / 3 rosa / 4 dunkel lila / 5 hell lila
Jeder der 17 Abschnitte wurde über je 10 Reihen gearbeitet.

Farbabfolgen hier von links oben nach rechts oben:

1	+	1	bordeaux + bordeaux
1	+	2	bordeaux + violett
2	+	2	violett + violett
2	+	3	violett + rosa
3	+	3	rosa + rosa
3	+	2	rosa + violett
2	+	2	violett + violett
2	+	1	violett + bordeaux
1	+	1	bordeaux + bordeaux
1	+	4	bordeaux + dunkel lila
4	+	4	dunkel lila + dunkel lila
4	+	5	dunkel lila + hell lila
5	+	5	hell lila + hell lila
5	+	4	hell lila + dunkel lila
4	+	4	dunkel lila + dunkel lila
4	+	1	dunkel lila + bordeaux
1	+	1	bordeaux + bordeaux

Für Ihre Planung des Farbverlaufs:

Die Kette ist ca 60 cm lang.

Es gibt 17 Farbabschnitte.
Auf 6 mm kalibriert, braucht man
ca 10 Reihen je Abschnitt bei gleichmäßigem
Farbverlauf (3 Reihen = 1 cm).
Durch längere oder kürzere Farbabschnitte
lassen sich andere Akzente setzen.

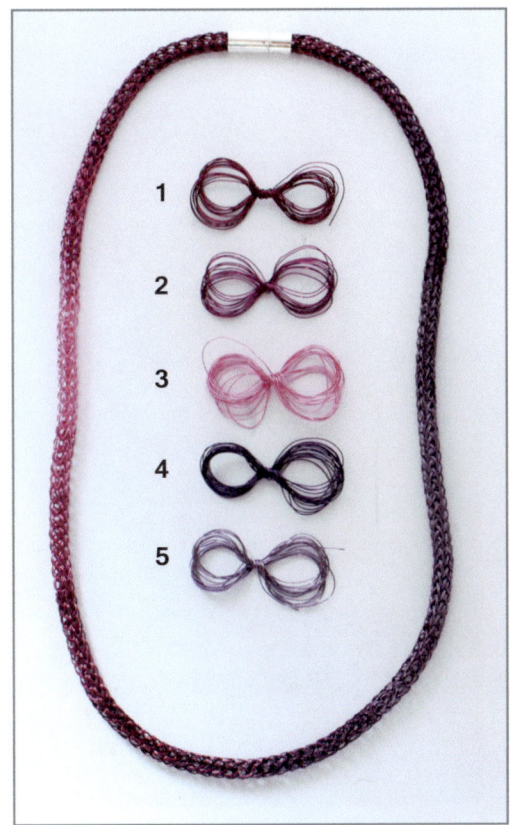

Rot-rotgoldene Kugelkette

Draht: Kupferkern lackiert, 0,5 mm
Stab: 25 mm Ø, 10 Maschen, einlagig und zweilagig

Gewicht: ca 80 gr

Beginn: Ca 7 Reihen einlagig.

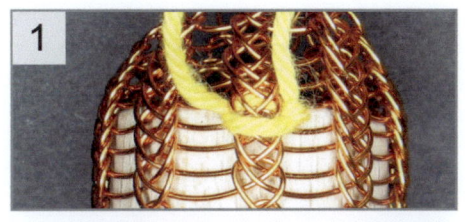

1 Um die Reihen von ein- und zweilagigem Stricken leichter zählen zu können wird die erste Masche des Musters markiert.

2 Rapport: 3 Reihen einlagig (siehe weiße Quadrate □),
7 Reihen zweilagig (siehe weiße Punkte ○),

dann 2 Reihen einlagig (siehe weiße Quadrate □).

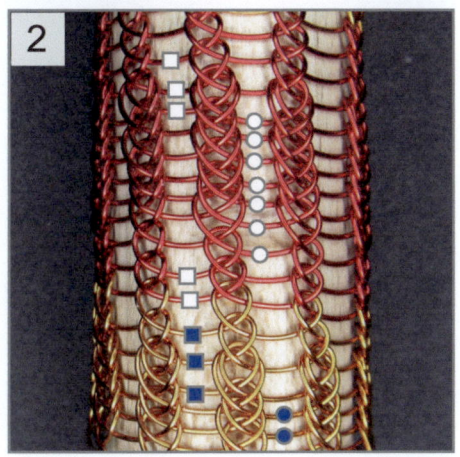

Es folgt der Farbwechsel und der Beginn des zweiten Rapports:

3 Reihen in der zweiten Farbe einlagig arbeiten (siehe blaue Quadrate ■)
ab der 4. Reihe zweilagig stricken
(= die 4. Reihe überstrickt die 3.Reihe - siehe blaue Punkte ●) usw.

Die zweilagigen Teile bilden die Kugeln und werden nicht kalibriert, sondern nur leicht geformt. Darum ist es notwendig, sie möglichst gleichmäßig zu arbeiten.

Am Schluß wieder ca 7 Reihen einlagig stricken. Die Enden zusammenpressen und evtl. kürzen, damit sie in das Kordelende passen.

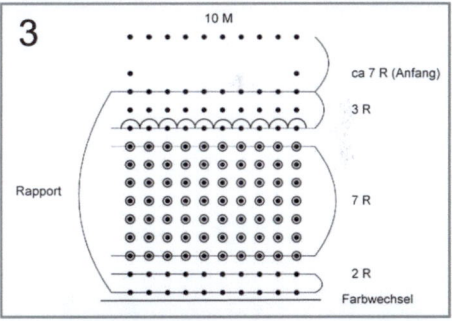

Hinweis: Da es verschränkte Maschen sind, haben sie eine "Richtung". Sie sind oben breiter und laufen unten spitz zu. Das ist immer auch bei den Kugeln sichtbar.

3 Strickschrift des Modells.

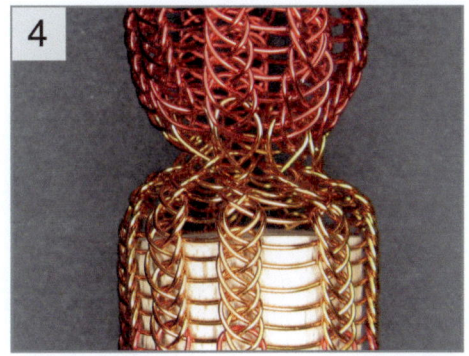

4 Die "Taillen" zwischen den Kugeln lassen sich am besten gleich über dem oberen Stabende formen. Die genaue Mitte zu treffen ist nicht immer leicht.

Kette in gold-rosé und lila

Draht: Kupferkern lackiert, 0,5 mm
Stab: 20 mm Ø, 8 Maschen,
einlagig / zweilaggig / dreilagig

Farben: gold-rosé, hell-und dunkellila
Gewicht: ca 37 gr
Länge: 60 cm

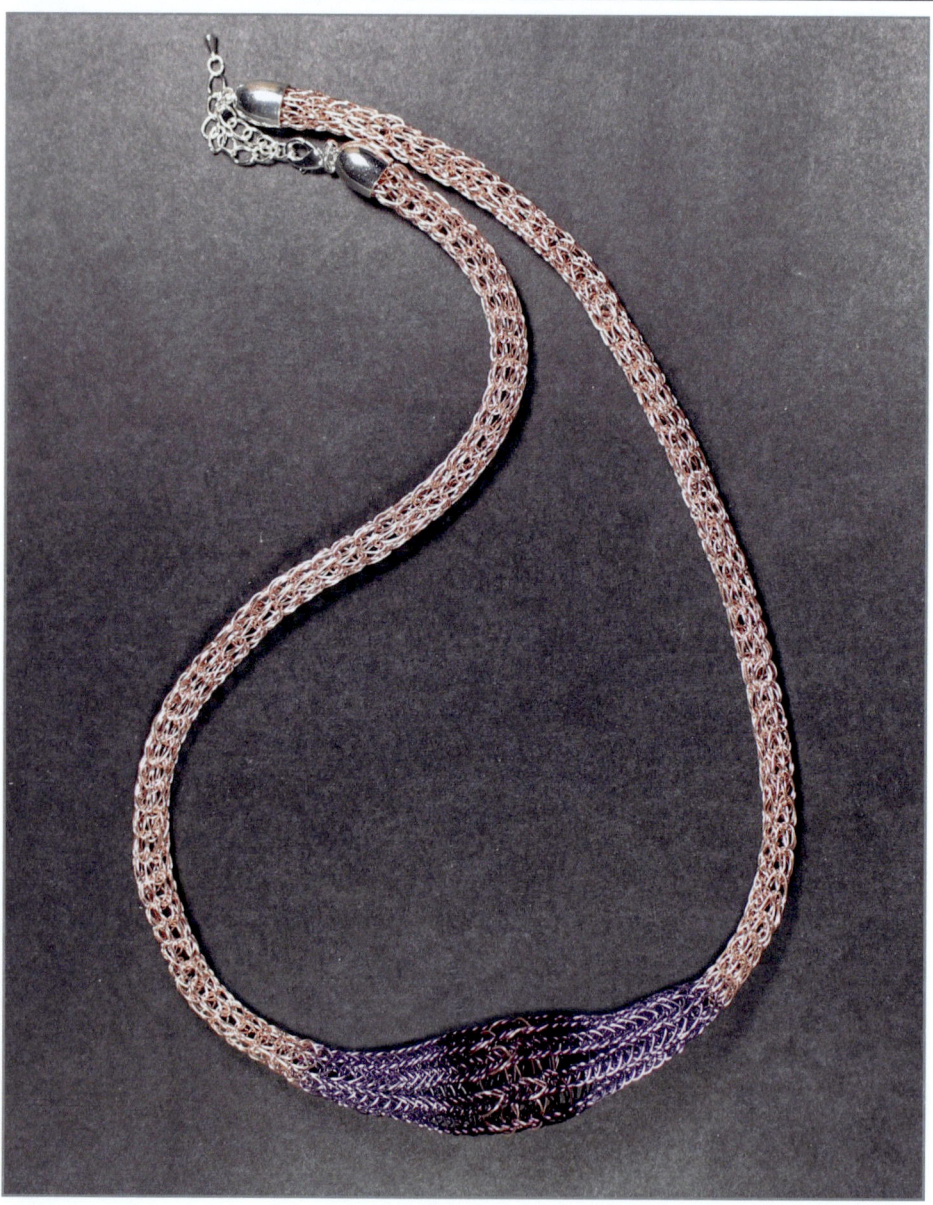

Mit der Variation der Strickart kann man unterschiedliche Durchmesser schaffen.

Für den dünneren Teil der Kette:
8 Maschen in gold-rosé über 36 Reihen einlagig arbeiten.
Hell lila: 2 Reihen einlagig
      10 Reihen zweilagig
dunkel lila: 3 Reihen zweilagig
dann je nach gewünschter Länge dreilagig
arbeiten (hier insgesamt 14 Reihen).

Muster: Ein Draht in gold-rosé wurde in
verschiedene Maschen eingearbeitet (siehe
Arbeiten mit mehreren Drähten, S. 38).

Variante:
Den dünneren Teil der Kette eisblau arbeiten, zweilagig strahlend blau, dreilagig dunkel-violett. In
die Mittelreihen Glasschliffperlen versetzt einarbeiten.

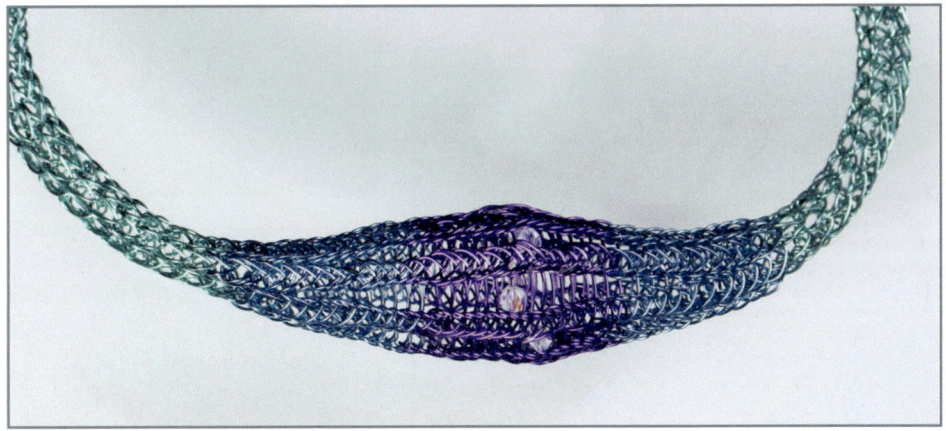

Schwarz-rote Kugel

Draht: Kupferkern lackiert, 0,5 mm, schwarz + rot | *Perlen*
Stab: 30 mm Ø, 12 Maschen, einlagig, zweilagig

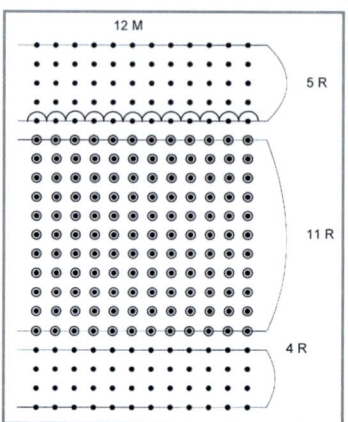

* 5 Reihen einlagig stricken,
* ab der 6. Reihe (überstrickt die 5. Reihe)
  11 Reihen zweilagig
* 4 Reihen einlagig

1 Den einlagigen Anfang über dem Stab formen

2 Den Anfang des roten Drahtes nach oben knicken und festhalten. Einlagig in die oberen schwarzen Maschen stricken. Ein Ansetzen eines neuen Drahtes sollte vermieden werden. Benötigt werden ca 2 m roter Draht.

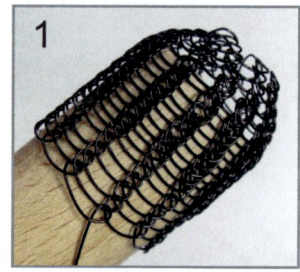

Einlagig weiter arbeiten. Beide Drahtenden kürzen und in die Kugel stecken. Unteren Teil formen.

Glasperlen oder eine Filzperle befestigen, oben aus einem Restdraht einen Aufhänger anbringen.

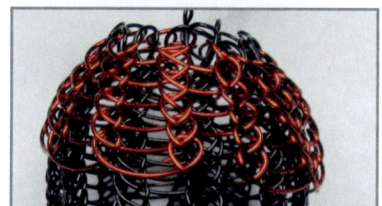

Hellblaue Kette

Draht: Kupferkern lackiert, 0,5 mm, strahlend blau | *Gewicht: ca 38 gr*
Stab: 20 mm Ø, 5-10 Maschen, einlagig, zweilagig | *Länge der 7 Perlen: ca 40 cm*

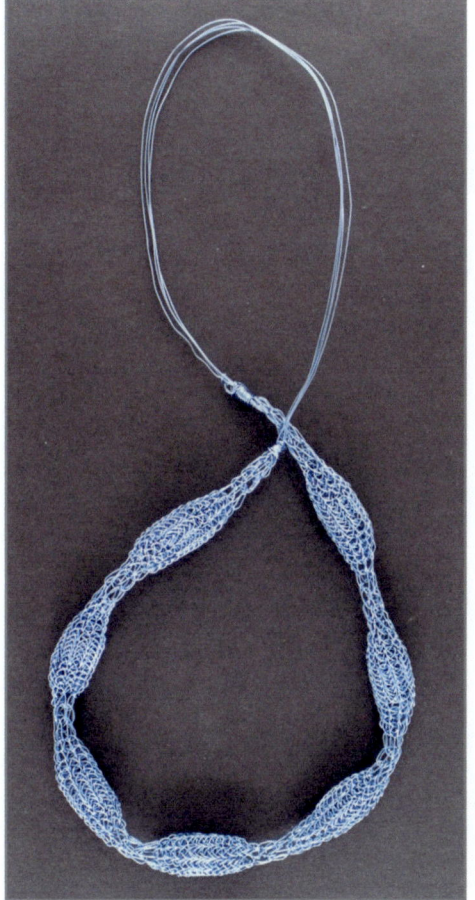

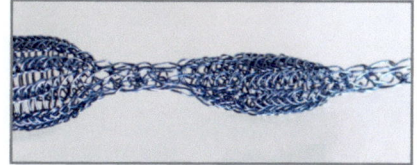

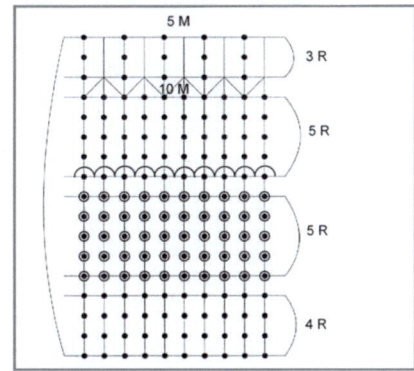

Rapport der "Perlen": Über 3 Reihen 5 Maschen einlagig stricken, in der 4. Reihe die Maschenzahl verdoppeln, 5 Reihen mit 10 Maschen einlagig, 5 Reihen zweilagig, 4 Reihen einlagig.
Dann für den Beginn des nächsten Rapports jede 2. Masche überspringen.
Wenn mit einem Kordelende geschlossen wird, am Ende nochmal 3 Reihen über 5 Maschen einlagig arbeiten.

Sukzessive mit den Fingern kalibrieren und zu ovalen Perlen mit ca 15 mm Durchmesser formen.
Bei den zweilagigen Abschnitten sollten die Maschen sich seitlich berühren.
Kann dann evtl. im Ziehholz mit 15 mm Ø kalibriert werden. Entweder zur vollen Länge arbeiten und mit einem Kordelende schließen oder z.B. wie hier mehrere einzelne Drähte an den Enden befestigen.

Kette mit Filzperlen

Draht: Kupferkern versilbert, anlaufgeschützt, 0,4 mm
Stab: 30 mm Ø, 5 Maschen, einlagig

Draht-Gewicht: ca 17 gr
Länge: 87 cm

1 Wenn wenige Maschen in sehr großem Abstand um den Stab liegen: in der ersten Reihe nicht zwei Anfangsschlaufen verbinden, sondern in jedes eine Masche arbeiten.

2 Bei langen Stegen die Maschen beim Stricken so formen, daß die Stege nicht durchhängen. Siehe auch Seite 15, "Lange Stege".

3 Die Kette wird später sehr locker (aber erstaunlich stabil). Daher beim Ansetzen des Drahtes 5-10 mm lange Enden verdrehen, auf 2-3 mm kürzen und innen nach oben biegen, damit die Filzkugeln beim Hineinstecken nicht hängen bleiben. Die Enden müssen am Schluß sorgfältig in die Kette gedrückt werden.
Mit etwas Übung arbeitet man mit möglichst langen Drähten, um wenige Ansatzstellen zu haben.

.

4 Nur mit den Fingern durch Ziehen und Drücken kalibrieren: den Stab in der Kette lassen und langsam die oberen Reihen heraus ziehen. Die Maschen werden fast 10 mm lang. Wenn das Anfangsteil lang genug ist, den Stab entfernen und eine Filzkugel in die Spitze schieben.

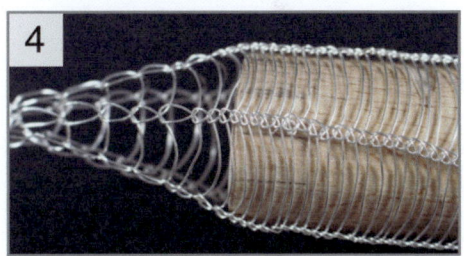

5 Die Kette läßt sich am leichtesten um die Kugel herum formen, wenn sie mit einem dünneren Stab gleichzeitig in die Spitze geschoben wird.

Danach wieder den ursprünglichen Stab einführen und sukzessive den Übergang zur nächsten Filzkugel formen.

Zum Schluß den Anfang abschneiden und durch die Anfangsmaschen einen Draht ziehen, damit sie sich nicht aus der nächsten Reihe lösen. Anfang und Ende mit dem Restdraht zusammen nähen.

Kette oder Armband mit Polarisperlen

Draht: Kupferkern versilbert, anlaufgeschützt, 0,315 mm
Stab: 12 mm Ø, 4 Maschen, einlagig

Polarisperlen
Draht: ca 16 gr
Länge: 57 cm

34

4 Maschen einlagig stricken, Maschen und Stege sorgfältig arbeiten.

Zum Ansetzen der neuen Drähte siehe Seite 15 und S. 33.

Sukzessive mit den Perlen darin kalibrieren. Kette dazu länger ziehen und zwischen Daumen und Zeigefinger rollen.

Die Kette kann auch als Armband verwendet werden, doppelt oder gekürzt einfach.

Nur zwei Maschen

Draht: Kupferkern lackiert, 0,5 mm
Stab: 10 mm Ø, 2 Maschen, zweilagig

Glasperle
Draht: ca 16 gr
Länge: 52 cm

Zwei Maschen in gleichem Abstand zweilagig stricken. Stege gut anziehen.

Neue Drähte wie gewohnt mit Doppelmasche ansetzen; die Enden nicht zu kurz schneiden. Bei 0,5 mm Draht muß nicht zusammen gedreht werden.

Die Kette wird sehr locker und in der Form etwas empfindlich. Formen läßt sie sich durch kontrolliertes In-die-Länge-ziehen.

Sukzessive kalibrieren, in die Mitte der Kette beim Arbeiten eine Perle einziehen.

Das runde Teil wird erst etwas gezogen und dann im Ziehbrett kalibriert.

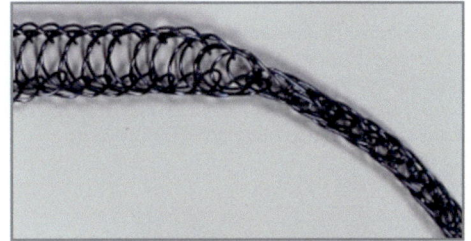

Sehr attraktiv ist das Arbeiten mit zwei Farben. Es können immer zwei Maschen nacheinander gestrickt werden, wenn man beachtet, dass eine Farbe immer oberhalb ihrer selbst eingefädelt wird (in diesem Fall der violette Draht über der violetten Masche). Siehe auch S. 38, Foto 2.

Die Kette neigt dazu, sich auf die "Kante" zu stellen. Soll sie sich flach seitlich biegen, den Maschen oberhalb des Stabes die gewünschte Biegung geben und die Stege etwas flach drücken.

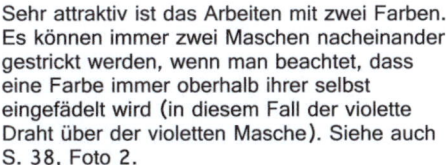

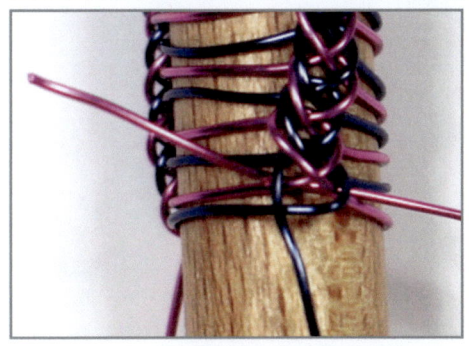

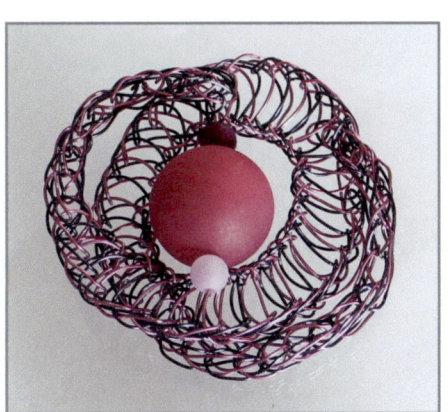

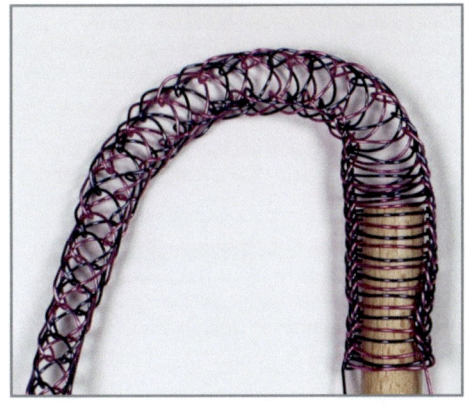

Ein Draht in jeder Masche

L S. 61

1 Wenn mit mehreren Drähten in einer Reihe gestrickt wird, geht man immer nach rechts in die nächste "offene", also nicht durch einen Draht belegte, Masche (hier in der Mitte sichtbar).

2 Etwas anders ist der Ablauf, wenn alle Maschen mit Drähten belegt sind (5 Drähte in 5 Maschen). Dann muß 1 x über einen Draht hinweg gearbeitet werden. Hier wird gleichzeitig doppellagig gestrickt. Da dabei immer über 2 Stege gearbeitet wird, muß der noch nicht gestrickte Draht (1) mitgezählt werden.

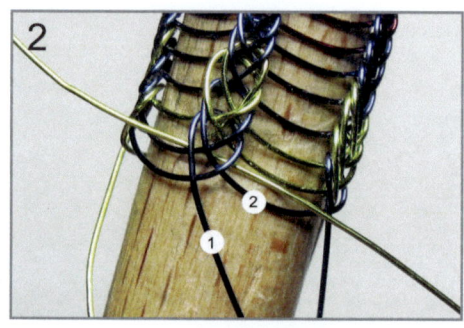

3 So sieht diese Masche dann aus: zwei Drähte in einer Masche, die Masche links davon ist "offen".

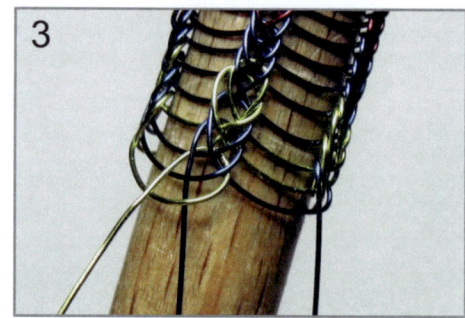

4 Es wird weiterhin der jeweils linke Draht gearbeitet bis wieder in jeder Masche ein Draht steckt.

Auch dann wird der nächste linke Draht genommen; in Beispiel geht der gelbgrüne Draht wieder über den blauen (wie in Foto 2).

Die Schräglage der Maschen ist gewollt. So kann sich das Muster spiralförmig entwickeln.

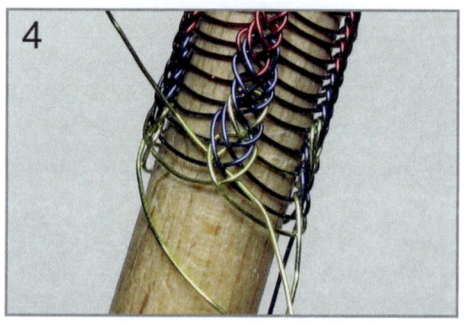

Hinweis: Da in jeder Reihe mehrere Drähte vorhanden sind, wird die Kette auch nach dem Kalibrieren spürbar härter, als wenn sie mit nur einem Draht gearbeitet worden wäre.

Breit gestreift

Draht: Kupferkern lackiert, 0,315 mm
bordeaux, gelbgrün, dunkelblau
Stab: 10 mm Ø, 5 Maschen, zweilagig

Gewicht: ca 23 gr
Länge: 61 cm

A) Ca 40 Reihen am Anfang und Ende in bordeaux.
B) Ca 27 Reihen sind mit 1 Draht bordeaux, 1 Draht dunkelblau und 1 Draht gelbgrün gearbeitet.
C) Ca 20 Reihen dunkelblau
D) Ca 35 Reihen sind mit 2 Drähten dunkelblau und 3 Drähten gelbgrün gestrickt.
C und D insgesamt dreimal arbeiten, mit C, B, A abschließen.

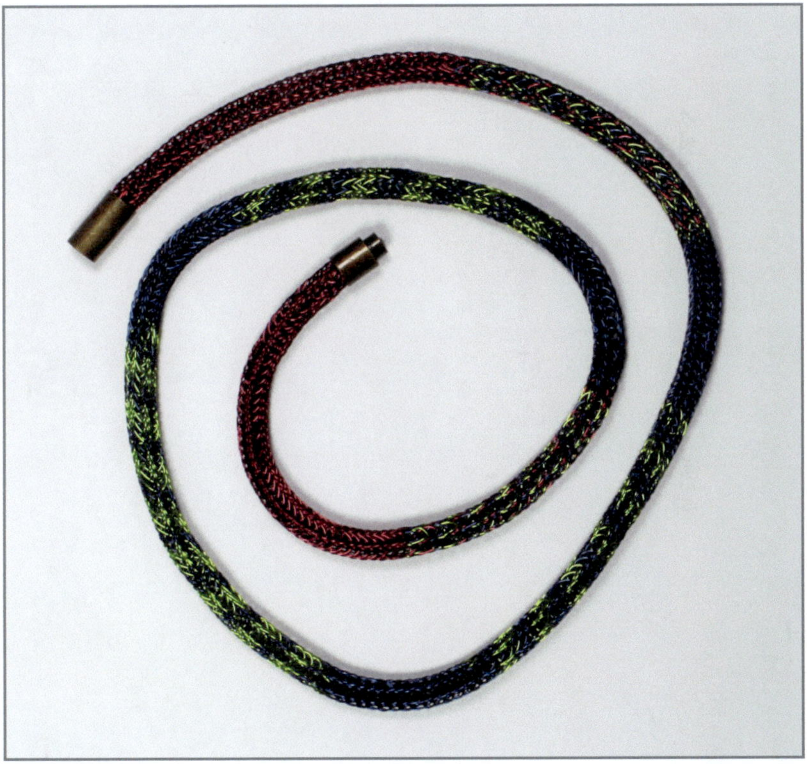

"Dschungelkette"

Draht: Kupferkern, 0,5 mm grasgrün, 0,315 mm gelbgrün | *Gewicht: ca 40 gr*
Stab: 12 mm Ø, 5 Maschen, zweilagig / 1-3 Drähte | *Länge: 64 cm*

Zweilagig ca 15 cm mit 0,5 mm Draht grasgrün arbeiten, dann 2 Drähte 0,315 mm gelbgrün einfügen. Mit allen drei Drähten ca 15 cm arbeiten, danach gelbgrüne Drähte beenden und 15 cm grasgrün weiter stricken. Auf ca 8 mm kalibrieren. Der mittlere Teil wirkt aufgrund des dünneren Drahtes durchsichtig.

Flaches Armband

Draht: Kupferkern lackiert, 0,315 mm
schwarz, türkis, violett, altsilber
Stab: 14 mm Ø, 9 Maschen, zweilagig

flacher Magnetverschluß
Draht-Gewicht: ca 10 gr
Länge: 18 cm (+ Verschluß)

Zweilagig ca 10 Reihen in schwarz arbeiten, dann hinzu nehmen: 1 Draht schwarz, 2 Drähte türkis, 2 Drähte violett (= 6 Drähte in 9 Maschen). Etwa 5 cm arbeiten. In die restlichen 3 Maschen 3 Drähte Altsilber einführen, mit 9 Drähten ca 4 cm weiterarbeiten (silber geht zweimal um den Stab, siehe Detailfoto). Silberfarbene Drähte nach innen ziehen und abschneiden, mit den übrigen Farben nochmal ca 5 cm arbeiten, am Schluß weitere 10 Reihen schwarz.

Im Ziehholz auf 8 mm kalibrieren, danach mit Gefühl flach drücken, so daß ein flach-ovaler Querschnitt entsteht. Die Maschenreihen sollten senkrecht übereinander stehen, damit die Kanten gerade bleiben. In einen flachen Verschluß einkleben.

Ein Hauch von Antike

Draht: Kupferkern lackiert, 0,5 mm schwarz + vergoldet | Gewicht: ca 16 gr
Stab: 10 mm Ø, 5 Maschen, zweilagig / 2 Drähte

Zweilagig mit 1 schwarzen und 1 vergoldeten Draht gleichzeitig stricken.

Beide Drähte werden in jeder Runde so lange gearbeitet, bis der andersfarbige erreicht ist. Kein Draht überholt den anderen.

Da wenig kalibriert wird, fast die gewünschte Endlänge arbeiten.
Auf ca 8 mm kalibrieren.

1 Durch das Füllen der Kette mit schwarzem Satinband oder einer Kordel tritt das Muster des Golddrahtes besser hervor.
(Links mit, rechts ohne Füllung).

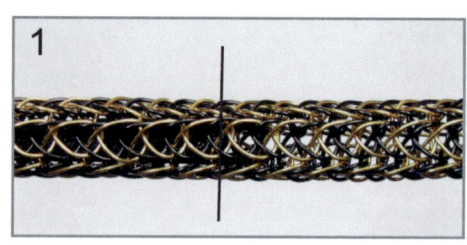

2 Zum Füllen entweder eine tunesische Häkelnadel verwenden oder einen Draht (0,5 mm ist stabil genug) durch die Kette schieben. Er verhakt nicht, wenn er vorne geknickt wird.

3 Satinband durch den Knick legen und den Draht zurück knicken, damit er bei Durchziehen nicht hakt.

Ein Drahtende durch die Knicke der Bänder stecken, um sie zu sichern. Auf der anderen Seite abschneiden und mit in den Verschluß kleben.

Es geht auch glänzend und bunt

Draht: Kupferkern lackiert, 0,5 mm altsilber
Stab: 10 mm Ø, 5 Maschen, einlagig

Gewicht: ca 10 gr

Kette auf 8 mm kalibriert und unterschiedlich gefüllt.

mit silberfarbenen Perlen

mit bunten Perlen

mit Wollresten

Flacher Anhänger

Draht: 0,5 mm Kupferkern, elfenbein, rot
Stab: 20 mm Ø, 10 Maschen, einlagig/zweilagig

Perle

Drahtwechsel immer in derselben senkrechten Maschenreihe. Bis auf die letzte Reihe einlagig arbeiten.
Farbfolge:
6 Reihen elfenbein, 1 Reihe rot, 1 Reihe elfenbein, 1 Reihe rot, 12 Reihen elfenbein,
3 Reihen rot, die letzte Reihe rot zweilagig

Schlauch mit den Händen etwas kalibrieren (rollen und die Enden auseinander ziehen).

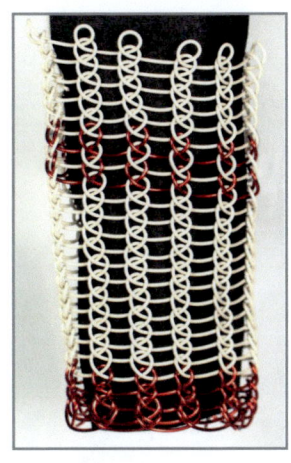

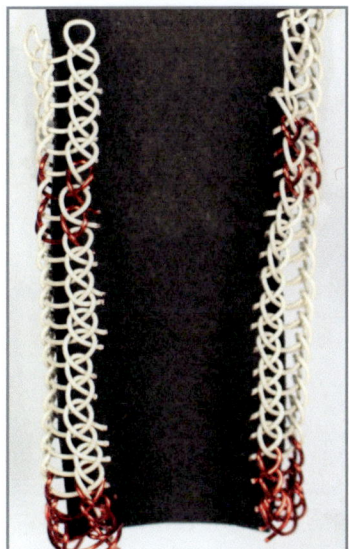

Neben der Reihe mit dem Drahtansätzen senkrecht aufschneiden, zwei senkrechte Reihen heraus trennen. Die Drahtenden kürzen.

An beiden Seiten zwei senkrechte Randreihen mit Rundzange und Flachzange nach innen biegen. Darauf achten, daß die Drahtenden nicht nach außen stechen.

Den oberen Rand nach innen biegen und mit elfenbeinfarbenem Draht befestigen, die Schlaufe anbringen.

In der Mitte mit einem Draht die Perle anbringen.

Anhänger türkis und rotgold

Draht: Kupferkern lackiert, 0,5 mm türkis, rotgold
Stab: 20 mm Ø, 8 Maschen, einlagig / mehrlagig

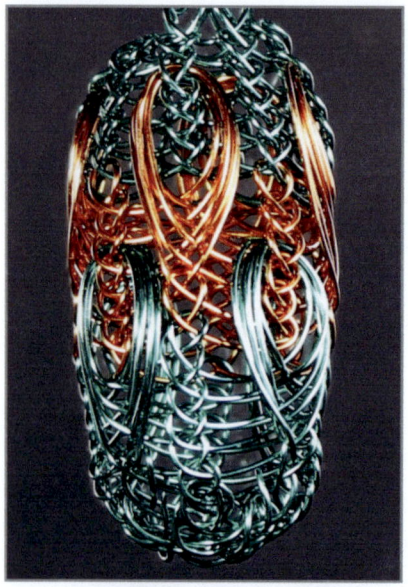

5 Reihen bis zum Beginn des Farbwechsels einlagig türkis stricken.

Farbwechsel und Beginn des Musters.
1. Reihe:
Abwechselnd 1 Masche einlagig, 1 Masche vierlagig.
2. - 5. Reihe:
Einlagige Maschen weiterhin einlagig arbeiten, bei den übrigen immer in dieselbe Masche fädeln. Die Drähte sorgfältig nebeneinander platzieren.
6. + 7. Reihe:
Einlagig über alle Maschen

Farbwechsel und Musterwechsel: Mit der neuen Farbe die Reihen 1 - 7 um 1 Masche versetzt arbeiten.

Am Schluß ca 3 weitere Reihen einlagig anfügen. Die Enden zusammendrücken, den Anhänger zwischen den Handflächen formen. Eine Öse anbringen.

Strickschrift A zeigt exemplarisch für jede Reihe den Drahtverlauf der mehrlagigen Maschen.

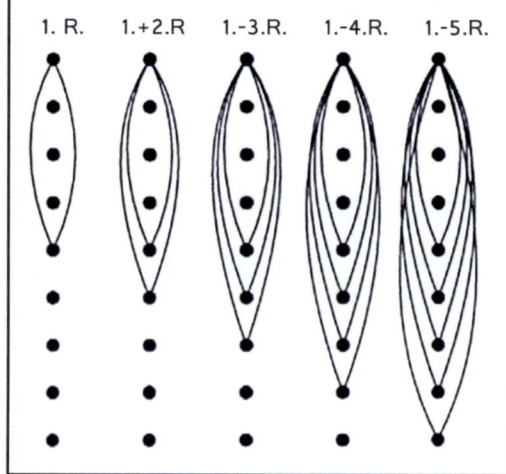

| 1. R. | 1.+2.R | 1.-3.R. | 1.-4.R. | 1.-5.R. |

B: Die einzelnen Abschnitte in der Farbabfolge.
Die farbigen Linien kennzeichnen die Maschenreihen, in die mehrfach gefädelt wird, die Pfeile weisen auf die Maschen hin.

C: Komprimierte Strickschrift für das Muster.

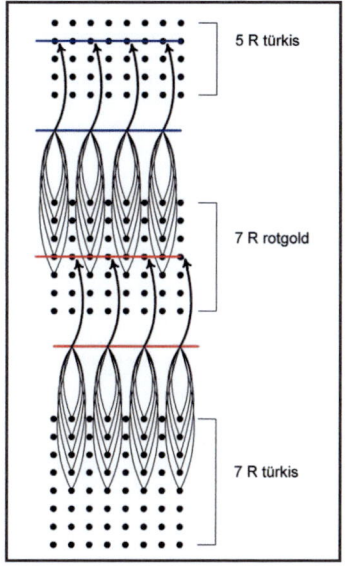

5 R türkis

7 R rotgold

7 R türkis

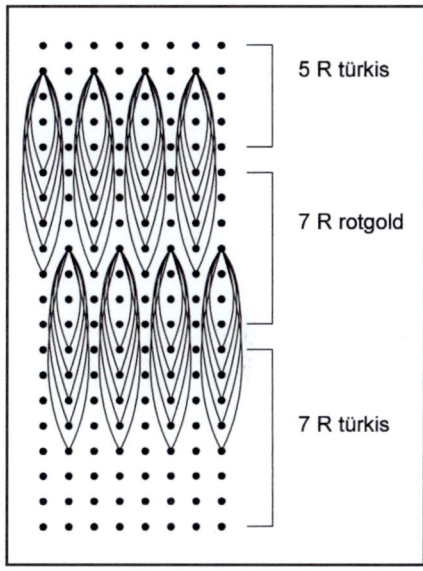

5 R türkis

7 R rotgold

7 R türkis

Anhänger silber- und goldfarben

Draht: Kupferkern lackiert, 0,5 mm silber- und goldfarben, Silberperlen
Stab: 20 mm Ø, 8 Maschen, einlagig / mehrlagig

9 Reihen silberfarben. In der 7. Reihe je Steg eine Perle einziehen.
Ab Reihe 10 goldfarben, abwechselnd 1 Masche einlagig, 1 Masche mehrlagig,
Reihen 11 - 15 ebenso arbeiten.
Reihe 16 und 17 einlagig.

Tipp: Die letzte Reihe über einen dünneren Stab arbeiten, das gibt eine schönere Form.

Enden zusammendrücken, in der Hand formen.
Ein Öse anbringen.

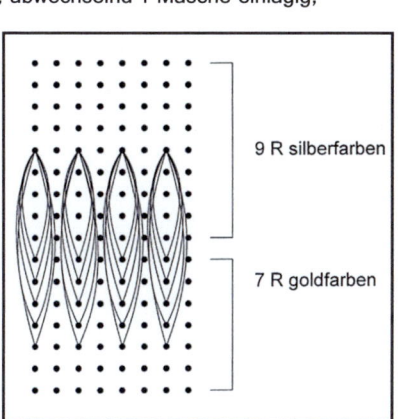

9 R silberfarben

7 R goldfarben

Kunterbunte Brosche

Draht: 0,315 mm Kupferkern, verschiedene Farben
Stab: 5 mm Ø, 4 Maschen, zweilagig/mehrlagig

Broschennadel, Schlauch

Die mehrlagigen Maschen werden jeweils in derselben senkrechten Reihe garbeitet, die Farbwechsel auf der gegenüberliegenden Seite ebenfalls in derselben senkrechten Reihe.

In der ersten Farbe 8 Reihen zweilagig arbeiten. Mit der zweiten Farbe 2 Maschen zweilagig, 1 Masche über 5 Reihen (leicht an den Stegen abzuzählen). Lt Strickschrift weiter mit jeder Farbe über 5 Reihen arbeiten. Die mehrfach gefädelte Masche ist immer die erste der vorigen Farbe.

Am Schluß 5 Reihen der letzten Farbe zweilagig über alle Maschen arbeiten. Anfang und Ende mit Restdrähten umwickeln.
Evtl. einen dünnen Silikonschlauch einführen und die Kette mit den Fingern anpassen. Eine Broschennadel befestigen.

Sorgfältig arbeiten, weil wenig kalibriert wird.
Die **Strickschrift** zeigt die beiden ersten Farben.

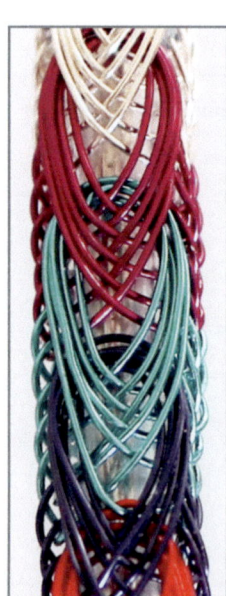

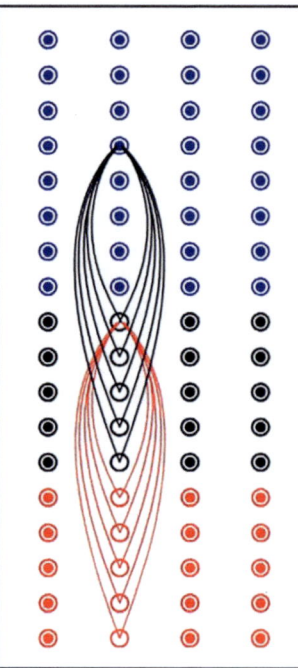

Bunter Anhänger

Draht: 0,5 mm Kupferkern, verschiedene Farben
Stab: 8 mm Ø, 4 Maschen, zweilagig/mehrlagig | *Perle*

Die mehrlagigen Maschen werden jeweils in derselben senkrechten Reihe garbeitet, die Farbwechsel auf der gegenüberliegenden Seite ebenfalls in derselben senkrechten Reihe.

In der ersten Farbe (hier schwarz) 8-10 Reihen zweilagig arbeiten (können später gekürzt werden).
Mit der zweiten Farbe 2 Maschen zweilagig, 1 Masche über 5 Reihen (leicht an den Stegen abzuzählen). In jeder folgenden Reihe wird auch die fünflagige Masche 1 Reihe tiefer gefädelt; sie wandert also mit hinunter.

Lt Strickschrift weiter mit jeder Farbe 5 Reihen arbeiten.

Am Schluß in der letzten Farbe 2 Reihen zweilagig über alle Maschen arbeiten.

Sorgfältig arbeiten, weil wenig kalibriert wird.

Die **Strickschrift** zeigt links die beiden ersten Farben, rechts die drei ersten.

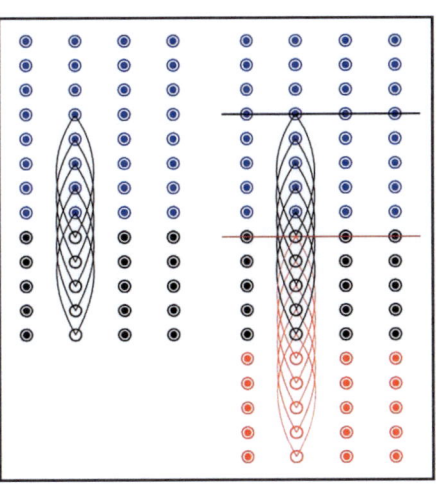

Aufhängung:
Entweder oben eine Öse für die Kordel anbringen oder schwarzen Draht doppelt durch eine passende schwarze Perle stecken, die Mitte einer Satinkordel oder eines dünnen Lederbandes am Draht befestigen und die Kordel mit Hilfe eines Drahtes durch den Hänger ziehen.

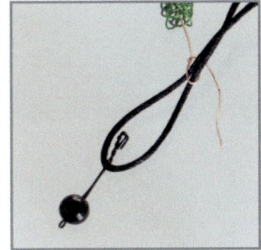

Edle schwarz-silberne Brosche

Draht: 0,5 mm Kupferkern, schwarz, altsilber
Stab: 8 mm Ø, 4 Maschen, zweilagig/mehrlagig

Broschennadel

Die mehrlagigen Maschen werden jeweils in derselben senkrechten Reihe gearbeitet. Die übrigen Maschen zweilagig. Farbwechsel und Ansetzen neuer Drähte auf der gegenüberliegenden Seite, ebenfalls in derselben senkrechten Reihe.

1. Stab: In Schwarz 9 Reihen zweilagig arbeiten. 4 Reihen altsilber mehrlagig nach Strickschrift, 11 Reihen schwarz.

2. Stab: In Schwarz 11 Reihen zweilagig arbeiten. 4 Reihen altsilber mehrlagig nach Strickschrift, 9 Reihen schwarz.

3.Stab: In Schwarz 18 Reihen zweilagig arbeiten. 4 Reihen altsilber mehrlagig nach Strickschrift, 2 Reihen schwarz.

Die Mehrfachmaschen nicht zu stark anziehen und sorgfältig arbeiten, weil wenig kalibriert wird.

Die **Strickschrift** zeigt für die drei Stäbe die senkrechten Reihen mit dem Muster. Für die Mehrfachmaschen wird mit jeder neuen Reihe eine Reihe höher eingefädelt als in der Vorreihe.

Die erste Mehrfachmasche 3 Reihen oberhalb der aktuellen Reihe einfädeln.
In der nächsten Reihe wird diese übersprungen und in der 5. Reihe oberhalb gefädelt,
in der dritten Reihe 7 Reihen oberhalb,
in der vierten Reihe 9 Reihen oberhalb.

Die drei Abschnitte auf 9 mm kalibrieren und mit dem Restdraht miteinander verbinden.

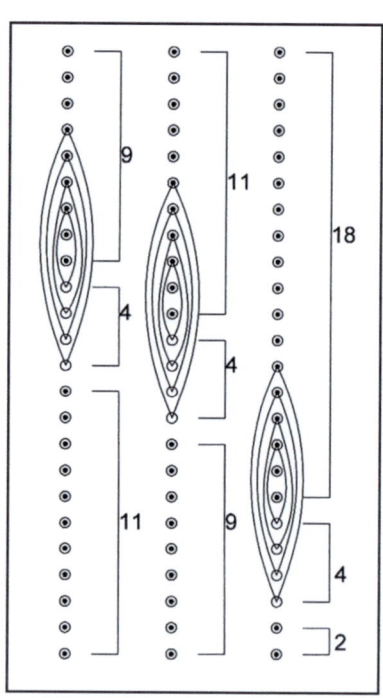

Kleine Fotos links:
Es sind zahllose Varianten dieser Vorlage denkbar (waagerecht gelegte Stäbe z.B.) und selbst die Rückseite wirkt in dieser Aufteilung interessant.

Nützliches

"Einfädig"

einlagig (immer in die Masche der Vorreihe gearbeitet)

zweilagig (in die Masche der vorletzten Reihe)

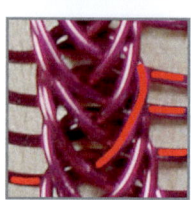

dreilagig (in die Masche der drittletzten Reihe)

"Zweifädig"

einlagig (immer in die Masche der Vorreihe gearbeitet)

zweilagig (in die Masche der vorletzten Reihe)

dreilagig (in die Masche der drittletzten Reihe)

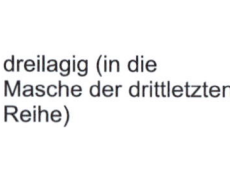

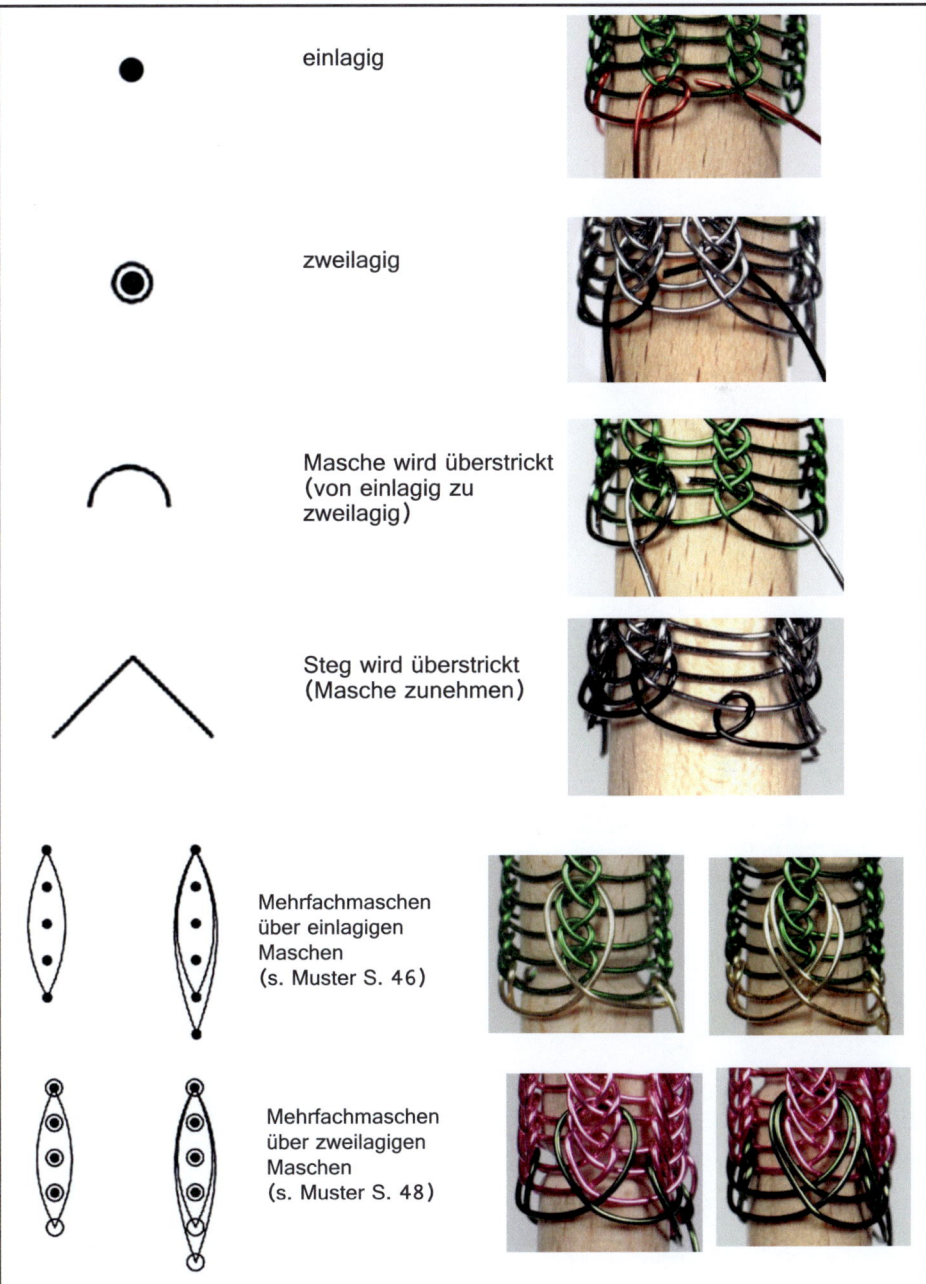

einlagig

zweilagig

Masche wird überstrickt
(von einlagig zu
zweilagig)

Steg wird überstrickt
(Masche zunehmen)

Mehrfachmaschen
über einlagigen
Maschen
(s. Muster S. 46)

Mehrfachmaschen
über zweilagigen
Maschen
(s. Muster S. 48)

Variieren von Stäben

Durchmesser, Flexibilität und Dichte der Kette hängen vom Zusammenspiel zwischen Stabdurchmesser, Drahtstärke, Zahl der Maschen und dem Kalibrieren ab. Es gibt keine Vorschrift, daß es immer eine ungerade Zahl an Maschen sein muß (siehe das Muster "lange Schlange").

Bei der Planung eines Projekts sollten Sie, ausgehend von Ihren Erfahrungen, zunächst überlegen, wie viele Maschen Sie auf den Stab bringen wollen.

Wenn Sie intensiver mit der Wikinger Technik arbeiten ist es sinnvoll, sich Notizen zu machen mit den Angaben zu Stabdurchmesser, Drahtstärke, Maschenzahl und Technik (siehe auch die Vorlage auf Seite 56). Damit können Sie später leichter einmal ein Projekt nacharbeiten oder variieren.

Hier eine Tabelle für Durchmesser und Umfang. Genauere Kalkulatoren finden sich im Internet.

Ø	Umfang		Ø	Umfang
5 mm	15,7 mm		18 mm	56,5 mm
8 mm	25,1 mm		20 mm	62,8 mm
10 mm	31,4 mm		22 mm	69,1 mm
12 mm	37,7 mm		25 mm	78,5 mm
14 mm	44,0 mm		30 mm	94,3 mm

Zwei Kreisraster für die Planung der Maschenzahl.

Kreise: 10 mm, 22 mm, 25 mm

Das kann zu einem genaueren Arbeiten verhelfen: Kopieren, Kreis ausschneiden, mittig auf den Stab legen (mit Heftzwecke oder Klebestift befestigen) und am Rand die Einteilung mit Bleistift markieren. Die Linien dann senkrecht auf den Stab übertragen.

5 und 10 Abschnitte   3, 6, 12 Abschnitte

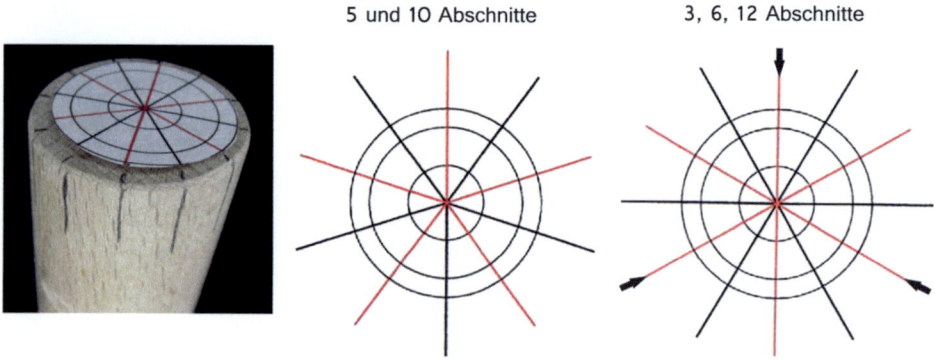

Drähte

Drahtstärken

Im Bastelbedarf finden sich unterschiedliche Drahtarten und -stärken. Bei Basteldrähten vom Holzwickel sollte man vor dem Verarbeiten die Knicke über dem Holzstab oder dem Griff der Zange glätten. Weichere Drähte aus lackiertem Kupferkern lassen sich am leichtesten verarbeiten. Sie biegen sich gut in die Maschen und bekommen durch die Maschen eine gute Festigkeit. Wichtig ist ein guter Lack.

Man findet oft anstelle der metrischen Dezimalangabe auch die Angabe "Gauge". Der Begriff bezeichnet im Prinzip die Anzahl der Schritte, in denen der Draht dünner gezogen wurde. Also: Je höher die Zahl desto feiner der Draht.
Es gibt "AWG" = American Wire Gauge und "SWG" = Standard Wire Gauge.
Hier einige Entsprechungen.

AWG	Ø mm	SWG	Ø mm
18	1,0237	19	1,016
20	0,8188	21	0,812
21	0,7229	22	0,711
23	0,5733	23	0,609
24	0,5106	25	0,508
25	0,4547	27	0,416
28	0,3211	31	0,294
32	0,2019	35	0,213

Drahtverbrauch und Längenzuwachs beim Komprimieren.

Wie viel Draht für ein Schmuckstück benötigt wird, hängt von verschiedenen Faktoren ab: Drahtstärke, Durchmesser des Stabes, Zahl der Maschen, ein- oder zweilagig gestrickt, wie weit komprimiert und wie locker oder fest gestrickt wird. Dazu ist es auch abhängig von der Art und Festigkeit des Drahtes. Es ist also sinnvoll, sich den Verbrauch und die Abmessungen und Veränderungen nach Stricken und Komprimieren zu notieren. Welche Abmessungen man für die verschiedenen vorgestellten Muster braucht, kann daher nicht allgemein angegeben werden.
Faustregel aufgrund langer Erfahrungen:

5 m lackierter Kupferdraht 0,5 mm ergeben einlagig gestrickt auf einem 1-cm-Stab 15 cm Schlauch; auf ca 6 mm komprimiert werden es ca 25,5 cm Kette.
Der Zuwachs beträgt also etwa 70 %.

5 m lackierter Kupferdraht 0,5 mm ergeben zweilagig gestrickt auf einem 1-cm-Stab 10 cm Schlauch; auf ca 7 mm komprimiert werden es ca 13,5 cm Kette.
Der Zuwachs beträgt also etwa 35 %.

Ungefähres Verhältnis von Länge und Gewicht der beiden im Booklet verwendeten Drahtstärken:
0,315 mm : 1 m = 0,7 g   10 g = 14,30 m
0,5 mm: 1 m = 1,8 g   10 g = 5,50 m

Mein Entwurf

Bezeichnung: _____

Draht: _____

Drahtverbrauch _____

Stab Ø _____ mm

Maschenzahl: _____

einlagig   O
zweilagig O
mehrlagig O

einfädig   O
zweifädig O

Kalibriert auf _____ mm

Foto oder Skizze

Notizen

_____
_____
_____
_____
_____
_____
_____
_____
_____
_____
_____
_____
_____
_____

Raster zur Gestaltung eigener Muster mit Mehrfachmaschen

4 Die Spule auf den Strickstab setzen.
Guten Halt gibt ein ein kombinierter 5+10 mm-Stab.

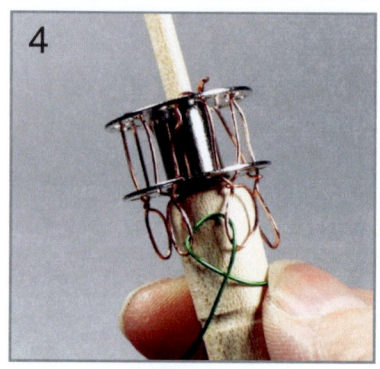

So wird gestrickt:
Das Drahtende von links nach rechts durch zwei
Maschen fädeln und das kurze Ende mit dem Daumen
fest halten. Mit dem langen Ende die dritte Schlaufe
links mit der zweiten verbinden. So weiter um den Stab
arbeiten.
Das Verbinden zweier Maschen in der ersten Reihe
bewirkt eine stabiliere Position der Maschen in der
ersten Reihe.

5 Zuletzt geht man noch einmal in die erste Schlaufe.

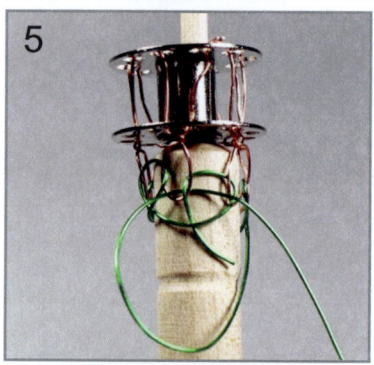

6 Einlagig stricken: Immer unter der Kreuzung der
darüber liegenden Masche und über den Strickdraht
fädeln.

7 Zweilagig stricken: Immer unter der Kreuzung
der übernächsten darüber liegenden Masche und über
den Strickdraht fädeln.

Einlagig:

1 Das letzte Drahtstück (hier: rot) in die Schlaufe ziehen, damit das Ende **in der Kette** liegt.
Ein neues Stück Draht abschneiden (1-1,5 m) und damit eine neue Masche über der letzten Masche arbeiten. Statt den ganzen Draht durchzuziehen: Das Ende des Drahtes von rechts nach links einfädeln, den langen Teil des Drahtes nach links darüber legen.

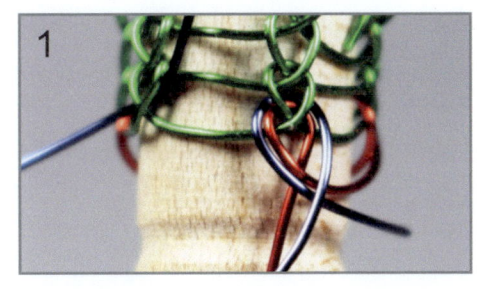

2 Einmal um den Stab herum stricken und **vor Erreichen** der doppelten Masche beide Drahtenden zurecht ziehen und unterhalb der Stege auf 2-3 mm kürzen.

Verdickungen werden beim Kalibrieren ausgeglichen.
Sorgfältig über die Enden hinweg arbeiten.

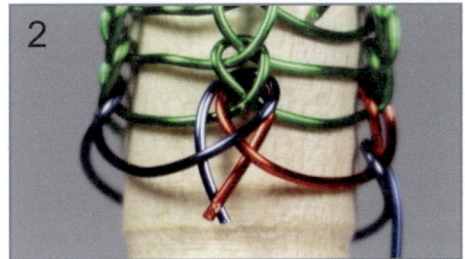

Zweilagig:

3 Ebenfalls das Drahtende **in die Kette** stecken und mit dem neuen Draht dieselbe Masche überstricken.

4 Auch hier: Einmal um den Stab herum stricken und **vor Erreichen** der doppelten Masche beide Drahtenden zurecht ziehen und unterhalb der Stege auf 2-3 mm kürzen.

Verdickungen werden beim Kalibrieren ausgeglichen.
Sorgfältig über die Enden hinweg arbeiten.

1 Gleichmäßige, feste Maschen mit dicht und parallel liegenden Stegen sind z.B. dann von Bedeutung, wenn die Kette später nicht mehr oder nur wenig kalibriert werden soll.

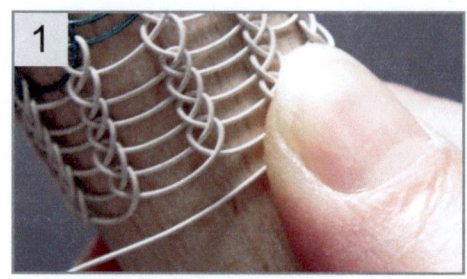

Gleichmäßig und fest wird es, wenn der Draht mit dem rechten Daumen gleich an der letzten Masche so abgeknickt wird wie er später liegen soll, nämlich parallel zur Reihe darüber.

2 Macht man das nicht, sondern zieht immer nur die nächsten Masche an,

3 dann benötigt man mehr Kraft, weil der Widerstand des Drahtes größer ist. Außerdem hängen die Stege durch, das Gestrick wird locker und liegt nicht mehr am Stab an.

Bei Linkshändern drehen die Maschen-reihen durch die Zugrichtung nach links. Das kann mit dem Kalibrieren oder weiterem Bearbeiten in der Hand ausgeglichen werden.

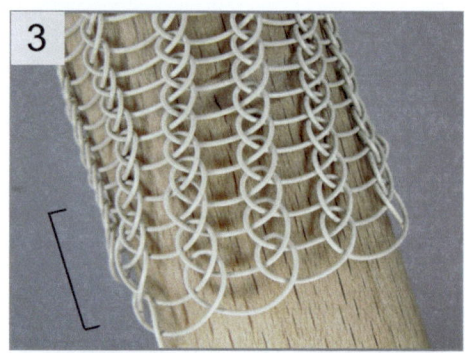

4 An engen Stellen mit einem vorgebogenen Draht arbeiten.

Wenn es zwischen den Maschen deutlich zu eng werden sollte, gibt es folgende Möglichkeiten:

5 Mit einer Zange vorsichtig die Maschen zusammen kneifen ohne den Lack zu beschädigen

6 Mit einer starken Nadel "vorbohren"

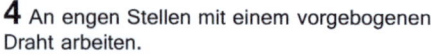

• Es hilft manchmal, die Arbeit zum Fädeln vom Stab zu nehmen
• Ein letztes Mittel ist es, in zwei Schritten durchzuziehen: vom Stab nehmen, den Draht von vorne einführen und von Innen wieder zurück. Allerdings gibt es dabei meist sehr starke Knicke.

Ein Draht in jeder Masche   für LinkshänderInnen

1 Wenn mit mehreren Drähten in einer Reihe gestrickt wird, geht man immer nach links in die nächste "offene", also nicht durch einen Draht belegte, Masche (hier in der Mitte sichtbar).

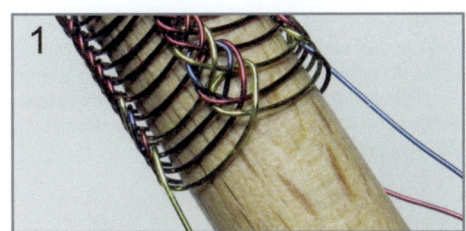

2 Etwas anders ist der Ablauf, wenn alle Maschen mit Drähten belegt sind (5 Drähte in 5 Maschen). Dann muß 1 x über einen Draht hinweg gearbeitet werden. Hier wird gleichzeitig doppellagig gestrickt. Da immer über 2 Drähte gearbeitet wird, muß der noch nicht gestrickte Draht (1) mitgezählt werden.

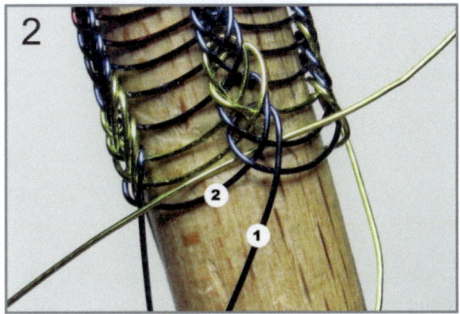

3 So sieht diese Masche dann aus: zwei Drähte in einer Masche, die Masche rechts davon ist "offen".

4 Es wird weiterhin der jeweils rechte Draht gearbeitet bis wieder in jeder Masche ein Draht steckt.

Auch dann wird der nächste rechte Draht genommen; in Beispiel geht der gelbgrüne Draht wieder über den blauen (wie in Foto 2).

Die Schräglage der Maschen ist gewollt. So kann sich das Muster spiralförmig entwickeln.

Hinweis: Da in jeder Reihe mehrere Drähte vorhanden sind, wird die Kette auch nach dem Kalibrieren spürbar härter, als wenn sie mit nur einem Draht gearbeitet worden wäre.

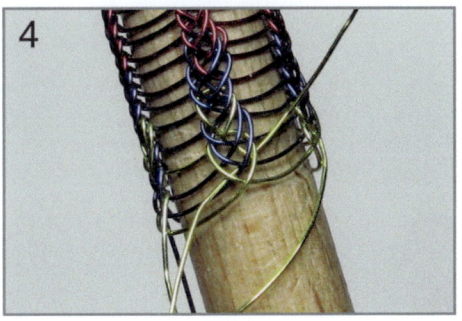

1 Den Draht von oben in den Steg einführen und wie bei einer normalen Masche über die Schlaufe ziehen. Strickdraht und Steg an der Stelle fest andrücken, an der die neue Masche entstehen soll und den Strickdraht zu einer Masche zusammen ziehen.

2 Die Masche sollte eng und möglichst genau platziert sein.

3 Masche abnehmen durch Überspringen der Masche.
Hier gleichzeitig Wechsel auf einen dünneren Stab. Das Überspringen der Masche bei gleicher Stabstärke sehen Sie auch auf Foto 1 und 2.

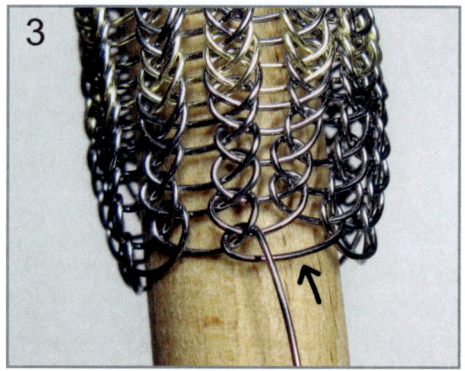

Da war noch was ...

Nicht alles gelangt ins Booklet nach einem halben Jahr Arbeit -

- aber das eine oder andere vielleicht in mein Blog
wikingerstrickliesel.blogspot.de

Wikinger Stricken:
Bei uns finden Sie alles was Sie brauchen

Auch dieses Booklet wurde erstellt mit dem open source Programm "Scribus".

Die HandarbeitsKiste

Gabriele Kister-Schuler
Wasserschlossweg 6
D-09123 Chemnitz
www.handarbeitskiste.de
mail: info@handarbeitskiste.de